基于地域资源的
幼儿园"育美"课程

郝继红 / 主编

农村读物出版社
中国农业出版社
北　京

编写人员名单

主　　编：郝继红

副主编：周　建　　袁慧颖　　隗艳姣　　李　帅　　王立颖　　顾斌艳

编　　委：刘秀林　　陈　曦　　李　飞　　张添添　　郭蒙蒙　　王　岩

编写人员：范鑫鑫　　付田田　　金远超　　刘冬雪　　刘　歌　　刘　莉

　　　　　刘梦佳　　刘婷婷　　刘新亚　　刘亚健　　罗宏岩　　马艳蕊

　　　　　肖　硕　　薛沙沙　　杨　瑛　　杨　莹　　张莉娜　　张林林

　　　　　张　晴　　张胜美　　张晓庆　　周海霞　　周梦希

序言

　　课程是幼儿园教育质量的核心，是关系幼儿健康成长、园所可持续发展的关键。房山区长沟镇中心幼儿园，地处北京市房山区长沟镇，是从长沟中心小学分出一部分干部教师成立的一所乡镇中心园。近年来，在房山区幼儿园课程领导力项目的整体推动下，房山区长沟镇中心幼儿园启动并不断深入推进幼儿园课程的实践研究，为园所带来了一片生机和活力。

　　党的二十大报告指出，教育是国之大计、党之大计。培养什么人、怎样培养人、为谁培养人是教育的根本问题。培养什么样的幼儿，是幼儿园课程建设需要思考和回答的首要问题，也是决定课程最终形态的关键问题。长沟镇中心幼儿园以"润心蕴情，悦美长行"的办园理念为指导，坚持"尊重、沁润、尚美"的观念，力求理解儿童、润心蕴情、全面美育，进而培养健康有礼、崇真尚美的幼儿。育美的教育，是审美教育，也是情操教育和心灵教育，是在育美的过程中潜移默化地影响孩子的情感、趣味、气质和胸襟，激励孩子的精神，温润孩子幼小而美好的心灵。

　　从哪里去生发幼儿园的园本课程呢？幼儿园课程的形成过程是课程生发、积淀和不断养成的过程，是幼儿园观察自身、反思自身的过程，是园所和全体教职工立足自身特点、资源，开展以园所实际为本、以教师实际为本、以幼儿实际为本的实践研究过程。长沟镇中心幼儿园在园所课程的研究过程中，没有盲目地照搬照抄、四处拼凑，而是回归自身不断思考三个对接，即如何对接长沟地域资源、如何对接教师兴趣和特点、如何对接园所教育实践的历史和经验。通过对幼儿园自身的持续思考，通过三个对接的深入追问，推动真正适宜长沟镇中心幼儿园的课程研究与实践改革。

　　从自身出发，如何形成幼儿园的园本课程呢？生活是幼儿园课程之根，幼儿园课程应回归到现实生活中，回归到幼儿主体性的经验建构中。房山区长沟镇中心幼儿园走出了"班级活动室""上课"等框框，将目光转向了鲜灵灵、活生生的生活。长沟镇中心幼儿园带着孩子们走进了具有长沟特色的大集，走进了胜泉水稻田，走进了大湖，走进了孩子们熟悉又非常喜爱的日常生活当中，用自己喜欢的方式去感受、体验、探索、建构着对于生活的理解，建构着属于幼儿的世界。课程走向生活、生活建构课程，两者相互走近、相互融合，构成了幼儿园生活化的课程实践。

谁又在创造着幼儿园课程呢？在幼儿园课程的实践场域中，教师作为课程实践的规划者、开发者、实施者、评价者，是决定幼儿园课程质量的关键性因素。只有当教师真正深入课程实践当中，创造性地思考、解决课程实践中的各种问题，课程才能焕发出生机和活力。长沟镇中心幼儿园关注到教师在课程中的关键位置，以教师课程理念的理解力、课程设计能力、活动目标把握能力、课程组织实施能力等四种能力作为课程建设中教师能力培养的整体框架，通过专题式的理论培训、问题导向的园本实践研究、跟进式的实践指导等多种途径，与教师站在一起，共同面对问题、解决问题，形成了课程研究与实践的共同体，不仅使教师在真实的经历中积累了课程研究与实践的能力，而且在实践研究过程中真正持续为教师赋能，不断提高教师的课程素养，进而实现课程、教育质量的改进和提升。

房山区长沟镇中心幼儿园的园本课程实践研究之路，是千千万万幼儿园园本课程实践研究的一个缩影，他们用自己的行动，在幼儿园教育实践中不断探寻着属于自己的课程实践道路。诚然，这条道路充满了各种各样的挑战、疑问、困惑和不解，但他们实践的勇气、持续探索的精神、实践的智慧、与幼儿一起共同探索交织而成的成长，正是园本课程建设的无限魅力，亦是学前教育高质量发展背景下每一个园所教育质量持续提升的内在动力。

张　霞

2024 年 10 月

前言

　　党的二十大报告指出：要办好人民满意的教育，全面贯彻党的教育方针，落实立德树人根本任务，培养德智体美劳全面发展的社会主义建设者和接班人，加快建设高质量教育体系，发展素质教育，促进教育公平。北京市在落实全国教育大会上提出三个不能等：落实教育是国之大计、党之大计不能等；进一步端正教育的首要问题和根本任务不能等；加强教师队伍建设不能等。这就要求我们坚持党对教育的领导地位，抓好教师培训，培养全面发展的儿童。教师是课程的建设者和开发者，课程活动开展需要以资源为载体，因此在"育美"课程建设过程中，我们将教师培养和资源利用作为两个研究重点。

一、园本课程建设中的教师培养

　　2005 年，北京市房山区长沟镇长沟中心小学分出一部分干部教师成立了北京市房山区长沟镇中心幼儿园。提高园所教育质量，促进教师专业成长，实现幼儿全面发展，建设与园所文化相适宜的课程体系至关重要。课程的优劣取决于园所课程规划是否科学、适宜，更取决于教师对课程的理解，对课程组织与实施的能力。由此，积极探索课程建设中的教师培养策略，提高教师课程组织与实施的能力便成为幼儿园各项工作的重中之重。教师培养也成为园本课程建设中的重点。培养策略多元化，既可以研究与培训相结合，又可以指导与评价相结合；既可以经验分享，又可以总结交流。

　　回顾我园在课程建设中的教师培养，结合实际总结出教师在课程建设中需具备四种能力，即教师对课程理念理解的能力，依据课程理念进行课程设计的能力，对各领域目标的把握及实施能力，组织与实施不同类型活动的能力。我们将这四种能力称之为助推教师

专业成长的四部曲。四部曲的具体做法如下：

第一部：理解国家教育要求，强化教师培养的组织保障。

依据国家对教育的要求统一思想加强学习，努力提升专业素养，做新时代合格的学前教育工作者。党的二十大报告指出，教育是国之大计、党之大计。培养什么人、怎样培养人、为谁培养人是教育的根本问题。组织教师进行学习与讨论，明确方向，再逐步研究用怎样的策略方法培养儿童。

为有效推进园本课程建设的进程，组织保障是第一位的。成立园本课程建设领导小组与教师学习小组十分必要，领导小组负责园本课程建设中的教师培训、跟进式指导、教研引领及经验成果的总结与分享工作；教师学习小组负责课程研究的实践探索、难点问题攻关，目的是总结有效的课程设计与组织实施的经验，积累经典案例，为其他教师提供有益的借鉴。组织保障先行，园本课程探索的步伐才会不断深入。

第二部：找准问题，确定灵活有效的培训方法。

园本课程建设前期，针对我园新任教师多，年轻教师多，其课程意识、目标意识薄弱，专业不突出等特点，对教师进行全方位的基础性培训十分重要，由此我们针对课程实施初期教师的难点困惑进行全方位的培训。

首先，对教师进行各领域目标的培训。为使教师对各领域目标有较为全面的把握与深入的理解，我园组织教师围绕《幼儿园教育指导纲要（试行）》《3～6岁儿童学习和发展指南》各领域内容与要求进行充分分析与研讨。在此基础上，组织教师采用集中学习与个人自学相结合的方式，先后学习了《3～6岁儿童学习和发展指南》《北京市快乐与发展教师用书》《幼儿园整合课程》等专业图书。学习后，组织教师进行交流研讨。持续的培训使教师对各领域目标有了较为整体的把握，为今后的随机教育及整合各领域教育打下了良好的基础。

其次，对教师进行课程理念的培训。"育美"课程的理念是理解儿童，润心蕴情，全面美育。组织教师围绕《幼儿园教育指导纲要》《3～6岁儿童学习与发展指南》中倡导的儿童发展观、教育观、整合教育观、环境育人观、家园合作观等进行充分研讨。再让教师审视"以美育人，育美的人"的课程理念，围绕这一课程理念的内涵及在教学实践中的应用进行全面讨论，从而对园本课程理念的理解更加透彻深入，为下一步教师进行课程设计打下了基础。

再次，对教师进行课程设计培训。主题活动是"育美"课程的主要课程模式，其对教师而言并不陌生，但如何进行主题活动设计是青年教师的难题，由此，在教师准确把握课程理念的基础上，我园针对主题选择的依据、主题目标的制定、主题网络的绘制、主题与区域活动的结合、主题中的家园配合等进行了全面细致的讲解及互动交流研讨。在此基础上，将教师分组，运用主题活动设计思路尝试设计主题活动，使教师对主题活动设计的思路、方法有了初步的认识及体验。全面有针对性的园内基础性培训为园本课程的建设打开了局面，迈出了基础性的一步。

最后，组织教师开展园本教研。课程实践环节，教师的困惑主要有：无法将完整的主题活动设计充分落实在教学实践中；在不同类型活动的组织中，师幼互动策略匮乏；对环境价值的理解不够深入，环境创设以教师为主，幼儿参与少，无法有效支持幼儿的探索，无法展现出有效的师幼互动过程。这些困惑难以通过一两次培训解决，由此我们期望将教研作为解决这一困惑的有效策略，通过教研活动与专家一起深入教育实践，探索主题活动中几类活动（谈话活动、讨论活动、参观活动、实践探索活动、科学探究活动、生活操作活动等）的组织策略及有效的师幼互动方法，探索区域环境、主题环境创设的有效策略，由此提升教师组织与实施课程的能力及水平。

第三部：以主题形式开展课程研究的培训方式。

主题活动作为幼儿园课程的主要模式，对教师的发散性思维、抽象概括思维要求高，对教师生活经验的丰富性、课程目标的熟悉程度也有较高的要求。对于刚步入工作岗位的教师来说，如何使其走进这种课程模式的探索与研究中，不产生畏难情绪，我们的做法有二。

第一，对教师进行跟进式的指导。我园领导小组成员深入教师之中，在主题设计环节与教师共同分析本班幼儿的关注点，据此指导教师确定主题，选择适宜的活动，绘制网络图；研究主题活动下

的区域活动内容、家园合作内容、合作方式；研究环境创设的内容、方式、方法。全方位的指导与支持不仅使教师在真实的经历中积累了设计、组织实施主题活动的经验，还有效地缓解了其畏难情绪，保障了教师探索初期的路径正确、内容全面，为教师树立了课程探索的自信。

第二，进行主题活动评价。实施教育评价是激发教师开展主题活动实践探索积极性的有效策略。两年来，在伴随教师进行主题活动设计、实践的基础上，我园提出每个学期深入开展两个班级主题活动的要求，并在主题活动实施后进行全园性的主题活动评价。评价内容包括主题中的文本材料、主题墙饰创设、与主题相结合的区域材料投放。评价方式为：班级教师介绍本班主题开展的过程、幼儿的行为表现、师幼互动的过程等。评价者为园本课程领导小组成员及各班班长。全面的评价内容、互动式的评价方式，不仅激励着教师进行主题活动实践探索的积极性，也引领了教师主题实践探索的方向。多人参与的评价更使评价环节成为交流、分享的环节，教师有益的实践探索和随时积累的经验，在评价这一平台上得以及时分享。

第四部：经验总结与分享交流相结合。

为使教师在园本课程探索中的经验得以及时总结，我园对班内主题资料的收集提出了明确的要求。内容包括：主题由来，目标，网络图，教育活动、区域活动计划及活动照片、影像资料，班级主题墙饰照片，区域材料，背景墙饰照片，幼儿作品，经典案例，相关主题资料（儿歌、歌曲、小故事、幼儿自制小书）等。与此同时，我们还明确要求每位教师每个学期上交一篇有深度的论文及内容丰富的主题活动经验总结。

针对教师开展主题活动经验的及时分享，我园形成了每个学期进行一次班内主题交流的制度要求，要求教师以 PPT 的形式全面总结班级主题活动开展的情况。全方位的经验总结与分享交流相结合，保证了我园主题探索中的经验得以随时梳理、分享，也使适宜的主题活动资料得以保留，为下一轮的教师实践探索提供了可供借鉴的文本及照片资料，避免了教师间的重复探索，使教师们能够站在同伴的肩膀上走上新的高度。

　　总之，园本课程建设中的教师培养是一个长期的、系统的、循序渐进的过程，助推教师专业成长需要系统思考、统筹规划与设计。它以对教师的课程理解能力、依据课程理念进行课程设计的能力、对各领域目标的把握及实施能力、组织与实施不同类型活动的能力的全面分析为前提，以从实际出发、有针对性的园本培训为基础，以跟进式的指导和有针对性的教研支持为支撑，以教育评价为助力，以及时的资料收集、经验总结为成果，做到干部教师创新协同发展。这样，园本课程的探索才会有持续不断的动力，教师课程组织与实施的能力才会得以有效提升。

二、园本课程建设中的资源利用

　　我园位于房山区长沟基金小镇，是房山区打造的全面科技创新示范区，有着丰富的自然资源、人文资源和深厚久远的历史文化底蕴。地质博物馆、西厢苑画院、长沟大集、大湖风景区、太和庄、桃苑沟等地域文化为幼儿园课程建设提供了鲜活资源。

　　如何在课程开发中利用好这些得天独厚的资源呢？我想，首先要了解自己，进一步思考我们要建成什么样的幼儿园，打造什么样的园本课程。

　　依托"润心蕴情，悦美长行"的办园理念，践行"行美育生活，办美润之园"的办园目标，我们梳理出倡导"尊重、沁润、尚美"的核心价值观，提出培养健康有礼、崇真尚美的幼儿和阳光自信、心中有爱的教师。在园所文化的基础上，我们做了三个对接：一是对接地域资源，知道长沟有什么、选什么，建立资源库；二是对接师幼特点、兴趣、爱好，找准切入点；三是对接园所已有研究经验，发挥美术研究优势。长沟地区以书画教育著称，镇域内也在打造相适宜的美术特长，这些都让我们坚定了建设"育美"课程的信心。

三、园本课程的探索与实施

　　"育美"课程以陶行知、陈鹤琴的教育理念，卢梭、加德纳、席勒的教育主张作为课程建设的理论依据，倡导引发儿童主动学习、探究、游戏。"育美"课程以美育为外显表达方式，内涵体现"儿童为本、关爱生命、关注成长"。以幼儿为主体，以大自然大社会为中

心组织课程，站在儿童视角，培养兴趣、开发潜能、丰富情感体验、鼓励表达，为其终身发展奠定基础。

"育美"课程实施主要分三步：打造课程环境、讲述课程故事、制作课程绘本。关注课程环境独特的教育价值，充分挖掘地域资源，形成园所课程特点。室内外注重低结构材料的使用，运用呈现长沟特色的大集、胜泉水稻、大湖游戏等身边资源，让课程环境还原幼儿生活。注重课程活动的记录，积累有趣的课程故事，并进行故事讲述，在一个个生动的课程故事中看见儿童、发现课程。教师鼓励幼儿用绘画、手工等美术形式表现生动的课程故事，并大胆地用语言讲述。《谁偷吃了我们的草莓》《逃跑的汉堡》等自制绘本展示在幼儿园的阅读角，供全园的小朋友阅读。

课程成果的积累，一方面帮助我们在回顾已有研究经验的基础上不断反思和完善；另一方面将有益的经验进行固化推广，使年轻教师实施课程的道路更加便捷。

我们将"育美"课程实施总结为四句话：**看见儿童的快乐样子，发现儿童的自主行为，支持儿童的个性成长，关注儿童的生命健康。**我们坚持教育的初心与美好，在"育美"课程落位中，关注儿童的参与、儿童的兴趣、儿童的发展；以谦卑之心，尊重孩子、看见需要、发现课程、共同成长。用最朴素的语言，讲最美的课程故事。

主　编

2024 年 9 月

目录

◎ 第一章

"育美"课程概述

什么是"育美"课程？"育美"课程的核心理念是什么？唤醒我们发现并利用资源的突破点有哪些？如何破解现状问题，将"育美"课程实践与资源建立巧妙的联系，发现并充分地应用资源？本章将重点对"育美"课程所倡导的核心价值追求进行阐述。

第一节 "育美"课程的基本概念

一、"育美"概念的提出

（一）顺应园所文化基础，确定课程方向

确定课程方向，从了解自己开始。我们不仅要知道自己是什么样子，更要了解我们想做什么，要办什么样的幼儿园，培养什么样的教师和孩子。由此进行追溯，幼儿园受长沟镇美育特色影响，以自然美育为特色。在此基础上，提出以"育美教育"为园所文化核心。"育美教育"积淀着丰富的内涵。

第一是育。育指生态自然教育。"育者，润也，滋也，益也。"唐诗有云"随风潜入夜，润物细无声"。"自然沁润"是幼儿教育遵循的自然之道，这是幼儿教育的宗旨，也是幼儿教育的目标，更是"育美"课程的目标。生态自然教育是指在教育过程中，遵循人的自然成长规律，尊重幼儿的天性、个性和主体性，通过创造一种自然、自由、平衡、和谐和无污染的教育环境，使幼儿园充满生命的活力，饱含人文的气息，使孩子能积极主动、健康和谐地成长，从而为孩子一生的可持续发展奠定坚实的基础。这层理解基于教育观和儿童观，是园所文化的出发点。

第二是美。社会学家费孝通教授曾经说过："各美其美，美人之美，美美与共，天下大同。"我们坚信每个幼儿都有其美丽所在，教育者要发现其美、培育其美、以美育美。教育不是强制不是弹压，而是春风化雨、润物无声的滋养，更是以美的言行润泽成长之路的美好。由此长沟镇中心幼儿园提出办园理念——润心蕴情，悦美长行。幼儿园的办园理念由教育理念萌生，组成了幼儿园文化的主体。

幼儿园的办园目标表明了幼儿园文化的方向。长沟镇中心幼儿园的办园目标是"行美育生活,办美润之园",倡导"尊重、沁润、尚美"的核心价值观。幼儿园的核心价值观解决了幼儿园文化的源动力,旨在培养"健康有礼、友爱自信、多元表达、乐学探究、崇真尚美"的幼儿和"阳光自信、乐于学习、善于反思、心中有爱"的教师。

(二)分析课程资源优势,提出构建"育美"课程

建构适宜的园本课程还需找准园所的优势,找到自己不同于他人的特点。我们在确定课程方向后做到三个对接:对接地域资源,有什么,选什么,建立资源库;对接师幼特点及兴趣爱好,找准关注点;对接已有研究经验,确定以美术活动为切入点展开课程实践,提出构建"育美"课程。

幼儿园对地域优势、自然资源、人文资源、小学内部资源加以分析与整理,从材料、内容方面进行扩展与创意。例如,可利用的自然材料有白薯梗、麦秸秆、玉米轴、石头、毛草、叶子等;可开展的活动有利用长沟大集组织幼儿进行社会交往活动,结合长走大会引导幼儿参与健康运动,在葵花盛开、荷花满池、鼠尾草园遍地紫时引发幼儿进行美的欣赏和创作,走进地质博物馆激发幼儿对科学的感知等。

幼儿是课程活动的主人,我园幼儿来自长沟本地,身体素质较好,同伴间交往机会多。近三分之一的幼儿来自二孩家庭,家长对孩子的教育多以说教为主,或无暇顾及或言听计从,使幼儿的情绪情感、自信心、交往能力、语言表达能力或多或少受到影响。家长以主张幼儿学习知识为主,不太关注儿童游戏活动、自主阅读活动、创意思维活动。

我园教师有美术研究的经验,教师年龄梯队结构比较合理,一线教师呈现年轻化趋势。教师的专业化程度与教学经验各不相同,在观察了解儿童方面有待加强。教师对于课程的认识呈表面化,利用资源不充分。但是,教师们积极好学,有上进心和求知欲,善于干事,乐于学习,对幼儿有爱心、责任心,易于达成培养共识。

综合上述分析,我们把建设园本课程同教师兴趣、幼儿特点、园所资源有效结合,明确建设"育美"课程。

二、"育美"课程的特点

"育美"课程是以美育手段为主要表达方式的综合实践课程,具有以下特点。

(一)巧用地域资源,创设适宜儿童发展的园本课程环境

幼儿园位于房山区长沟基金小镇,是房山区打造的全面科技创新示范区,有着丰富的自然资源、人文资源和深厚久远的历史文化底蕴。地质博物馆、西厢苑画院、基金小镇、检查站、长沟大集、大湖风景区、太和庄、桃苑沟等地无不引人驻足。野菜、野花、水稻、湖水鱼、莲藕等绿色环保食物更是丰富多彩。长走大会、葵花园、野餐公园等为我们开展园本课程建设提供了鲜活的资源。我们立足本园实际,因地制宜,充分利用自身的条件,挖掘具有长沟特色的自然资源环境,建设与课程理念相适宜的课程环境。如创设具有长沟地域特色、好玩的、有趣的自然体验区,打造了美术、木工、泥工、表演功能教室。在这里,孩子们每天都可以自主并快乐地进行游戏和多元表达,养成良好的行为习惯,培养科学素养,获得多样的经验表达,收获美好的情绪体验。

(二)追随幼儿兴趣,进行综合的课程实践

幼儿园课程要追随幼儿的生活和经验,凡是幼儿需要的、感兴趣的,尤其是在其生活、学习过程中产生和发现,又是他们急于知道或解决的问题,都应及时地纳入课程的活动中来。这样,幼儿才能真正获得发展。如"甜甜的小麦""赶大集""谁偷吃了我们的草莓""我会跳绳了""小鸭子""石头屋的故事""毛豆变黄豆"等实践活动,都是追随幼儿的兴趣开展的。在活动过程中,我们不仅看到了孩子们的探究学习,而且看到了老师们更加关注幼儿的兴趣,逐渐能够做到教师靠后,先观察再指导,和孩子们一起探究发现、共同成长。

(三)挖掘教师优势,开展创新研究活动

幼儿园坐落在小学内部,每天与小学的哥哥姐姐一起进校园,看小学生做操、跑步、升旗、朗诵、学习也是孩子们日常生活中的一部分,小学的这些活动也为我园课程建设提供了可视的、潜移默化的影响。因此,我园借助户外活动空间充足及男教师多的优势,开展户外活动内容及形式的创新研究。如开展晨间运动的研究,坚持晨跑+游戏的锻炼方式,小班幼儿游戏化的晨跑活动,中大班培养耐力的绕圈晨跑,培养了幼儿良好的意志力,身体素质也得到了提升;结合体能测试弱项开展研究,使体能测试项目游戏化,开展增强上肢力量、柔韧性和灵敏度的游戏;对接幼小衔接开展民间体育游戏研究,在大班开展跳绳、打沙包、抖空竹、跳皮筋等活动;发起寻找"好玩的体育游戏"活动,倡导师幼及家长共同寻找好玩的体育游戏,每周更换游戏内容,充实户外活动。我园被认定为全国足球特色幼儿园,投放足球器械,利用男教师足球特长和场地优势开展足球活动,发展幼儿体能,提高运动能力。

总结起来,"育美"课程是有兴趣、有意义、有温度的课程。

第二节 "育美"课程建设的理论依据

幼儿园的教育理念是幼儿园文化建设的起点,它阐释着幼儿园文化的根,也为课程建设提供依据。

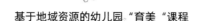

一、中国古代"崇尚自然、顺其自然"思想是"育美"课程的哲学起点

我国的传统教育思想与"育美教育"在哲学上有一定的相通性。老子的《道德经》提出"大音希声，大象无形"，体现了先贤对人的尊重，对自然的敬畏，对教育开放豁达的前瞻引领。"育美"课程所倡导的尊重幼儿、顺应自然的观点与其一脉相承。

二、卢梭的自然教育理论是"育美"课程的教育观基础

卢梭的自然教育理论提出教育要"归于自然"。也就是说，教育要遵循自然法则，只有适应儿童天性，才能使儿童身心自然发展。他呼吁整个社会及个人都要"归于自然"，并提出教育的目的在于培养自然人。

"育美"课程重视自然环境对幼儿身心成长与发展的作用，主张遵循自然的特点，顺乎幼儿的自然天性，将自然资源巧妙地融入幼儿一日生活中，让师幼在自然的环境中发现大自然的美，对自然资源进行自由探索与自主探究，从而感受自然生命的奇妙之处，获取更多有益于身心发展的经验，与自然和谐相处。

三、陶行知的生活教育理论和陈鹤琴的活教育理论是"育美"课程的课程观基础

著名教育家陶行知借鉴杜威的教育思想，提出了生活教育的理论。陶行知主张"生活即教育""社会即学校"，也就是说，要在社会生活中、在自然中实施幼儿教育。

在陶行知先生之后，教育家陈鹤琴又提出了"活教育"思想，他提出"大自然、大社会都是活教材"的课程观，不拘泥于书本知识，利用机会随机教学。这为"育美"课程的开展提供了理论基础。

幼儿园将陶行知和陈鹤琴的教育思想贯穿于园本课程建设的全过程，顺应儿童的兴趣和需要，倡导教育来源于生活，来源于社会，要去理解幼儿园教育与社会、与家庭的密切关系，做好家校社协同育人。

四、加德纳的多元智能理论是"育美"课程的儿童观基石

加德纳的多元智能理论认为，所有的个体具有不同程度的 9 种相对独立的智能，不同的个体在某些领域的发展上可能拥有优势，相反，在另一些领域的发展上可能显现相对的弱势。教育必须关注这种差异，并努力激发不同个体的潜能。因此，教师要知道每个孩子都是不同的，要能发现、尊重、欣赏幼儿的

个体差异，因材施教，促进幼儿全面发展。

"育美"课程倡导教师充分发挥幼儿的主体意识，引发儿童主动学习、主动探究、主动游戏。"育美"课程外在体现着以美育手段为主要表达方式的实践课程的特征，内涵以"儿童为本、关爱生命、关注成长"为教育重点，以幼儿为主体，以大自然大社会为中心组织课程，站在儿童视角，培养幼儿的兴趣，开发幼儿潜能，丰富幼儿情感体验，鼓励幼儿表达，为其终身发展奠定基础。

第三节 课程目标与课程内容

一、课程总目标

"育美"课程营造了多元展美的文化氛围，顺应幼儿天性，以自然资源、地域文化、儿童兴趣为主要载体设计相应课程，使幼儿在自主、开放、多元的环境中得到健康、全面、和谐地发展。由此提出"以美育人，育美于人"的课程目标。

二、课程分目标

以《3～6岁儿童学习与发展指南》（以下简称《指南》）《幼儿园教育指导纲要（试行）》（以下简称《纲要》）为基础确定与本项内容相结合的课程目标，旨在培养"健康有礼、友爱自信、多元表达、乐学探究、崇真尚美"的幼儿和"阳光自信、乐于学习、善于反思、心中有爱"的教师。

培养健康有礼的幼儿目标：

1. 身体健康，喜欢参加体育活动，动作协调灵活。

2. 生活卫生习惯良好，有基本的生活自理能力。

3. 知道必要的安全保健常识，学习保护自己。

4. 在集体生活中情绪安定、愉快。

5. 具有文明的语言习惯，讲话时自然、礼貌。

培养友爱自信的幼儿目标：

1. 能主动参与各项活动，有自信心。

2. 乐意与人交往，学习互助、合作和分享，有同情心。

3. 关心尊重他人，爱父母长辈、老师和同伴，爱集体、爱家乡、爱祖国。

培养乐学探究的幼儿目标：

1. 亲近自然，喜欢探究。对周围的事物、现象感兴趣，有好奇心和求知欲。

2. 能运用各种感官，动手动脑，探究问题。

3. 能用适当的方式表达、交流探索的过程和结果。

4. 积极主动、认真专注。

培养多元表达的幼儿目标：

1. 乐意与人交谈，讲话时自然、礼貌。

2. 敢于当众讲话，能清楚地进行自我表达。

3. 能够大胆地用自己喜欢的方式进行多元表达和表现。

4. 乐于想象和创造，富有个性地表达自己的情感和体验。

培养崇真尚美的幼儿目标：

1. 能够感受并喜爱生活、环境和艺术中的美。

2. 喜欢自然界与生活中美的事物，喜欢欣赏多种多样的艺术形式和作品。

三、课程内容与分类方式

"育美"课程内容包括两节四季课程、游戏课程两部分。

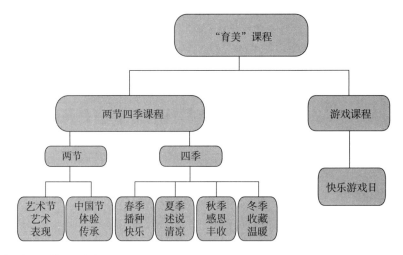

（一）两节四季课程

"育美"课程以两节四季课程为脉络，遵循一年四季周而复始的季节更迭特点，给予幼儿自然、纯真的体验资源，将季节作为课程的主线，在春季播种快乐，在夏季述说清凉，在秋季感恩丰收，在冬季收藏温暖，去创造适合各个季节的课程活动。

"两节"是指6月份的艺术节和12月份的中国节。上半年结合"六一"儿童节，以"艺术节"的形式设计开展课程活动，以美术为载体，激发幼儿用自己喜欢的方式感受、创作、表现美，用艺术的方式再现自己的所见、所闻、所思、所想，运用多种途径与方式拓宽视野、创新创造、多元表达、建立自信。结合夏季的特点，激发幼儿感知探索"水"，并寻找关于水的好玩的游戏等。

下半年以"中国节"为主线设计课程内容，以春节为切入点，引导幼儿了解中国的传统文化，支持幼儿感受中华传统文化的独有韵味，体验中国非物质文化遗产的独特魅力，在亲子体验、动手操作中建立文化自信，弘扬中华文化。

"四季"即对春夏秋冬四个季节的深入感知、体验、探究、表现等活动。春季播种快乐、夏季述说清凉，秋季感恩丰收，冬季收藏温暖。结合不同季节的特征，展开丰富的课程活动，支持幼儿感受大自然的美好。举例来说，春季是播种希望的季节，在春天有许多幼儿感兴趣的内容，我们以"播种·快乐"为主线开展课程活动，调动幼儿多种感官观察感知周围事物的变化，体验种植的快乐。结合季节特点，组织适宜的游戏内容，如"寻找风中的玩具"，幼儿在感知、制作、探索中发展多方面的能力。秋季是收获的季节，重阳节正在其中，在引导幼儿体验农作物丰收喜悦的同时，要懂得敬老爱老，所以秋季我们以"感恩·丰收"为主线开展课程活动。与此同时，渗透二十四节气的教育内容，鼓励幼儿认知体验、自主探究、多元表达，在亲近自然的课程活动中得到发展。

（二）游戏课程

游戏课程是指"快乐游戏日"活动，即在自主区域游戏的基础上，于每周四进行全园大开放，打破区域界限，全体教职工固定在相应的位置，幼儿到自己喜欢的区域进行游戏。"快乐游戏日"深受幼儿喜欢，他们可以自行选择玩伴和游戏场地。在活动中，我们看到了幼儿有别于日常的活动状态：开心的笑声响彻幼儿园，遇到问题时的大胆询问，小伙伴间的友好互助，在游戏中的专心专注。

第四节　课程实施的原则与路径

一、课程实施的原则

教师应遵循课程设计原则，结合幼儿身心发展特点，优化"育美"课程设计，从而更好地满足幼儿的审美需求，让幼儿徜徉在审美艺术所构筑的世界中，感受美育的超凡乐趣和无限可能。

（一）主体性原则

教师应尊重幼儿的主体地位。一方面，课程组织要高度倾听和接受幼儿的想法和建议，为幼儿提供想象和创造的空间，调动幼儿参与课程教学的积极性；另一方面，教师要遵循幼儿认知的发展规律，为他们设计科学的"育美"教学课程组织形式。

（二）互动性原则

"育美"课程应保证幼儿之间的有效互动，要注重趣味性，贴合孩子喜欢

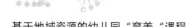

游戏的天性，适时开展"快乐游戏日"等互动性活动，让幼儿获得愉悦感。教师需要认识到，在"育美"课程的组织中，师幼之间的积极互动是非常重要的。有效的互动可以保证"育美"课程组织的高效运转，也能促进幼儿认知水平、创新能力和审美意识的提高。

（三）整体性原则

教师应科学地整合"育美"课程中的相关要素，如生命之美、自然美材料的提取，生命之美、文化之美内容的整合，将探索美的过程与幼儿的生活、娱乐、身心发展联系起来，保证良好的教学效果。教师要从整体的角度来规划"育美"课程，保证科学的教学逻辑，培养幼儿整体、连贯的思维。因此，"育美"课程的组织需要遵循并兼顾纵向和横向两种设计逻辑。从纵向逻辑上来讲，在同一门课程内要形成一种承上启下、首尾相接的体系；从横向逻辑上来讲，要使"育美"课程框架内各学科间形成相互联通、和谐共育的体系。

二、课程组织实施的方式

（一）推进主题课程开展

以两节四季课程为抓手，深入挖掘课程资源，开展主题活动。借助节日、节气、季节开展主题活动，如"我爱妈妈""你好春天"等；推出"王老师讲节气"活动，通过介绍春分、惊蛰、谷雨、芒种、立夏、白露、秋分、立冬等节气习俗特点，让幼儿了解节气与人的生活、劳作的关系，并从中生成主题活动；推出"罗老师讲新闻"活动，聚焦时下热点新闻，引发教师关注新闻的教育价值，组织相应活动；将教师大讲堂与主题活动、国旗下教育及日常活动有效对接，并逐渐走向深入。

通过年级组共研主题、日常保教干部深入班级指导主题开展，推进主题深入且全面开展。根据班级主题活动的开展情况，修订主题活动开展要求，完善主题活动模板。1个月开展1个主题活动，从幼儿的兴趣、已有经验入手，通过访谈、参观等集体教育活动深入开展主题活动，关注幼儿在主题活动中发现问题、解决问题的过程，关注新经验的获得与提升。

（二）开展自主多元的自然体验区活动

通过追随幼儿兴趣，不断调整自然体验区游戏活动，支持幼儿主动学习、主动探究。前期创设自然体验区域，并通过幼儿与区域内玩具材料的互动，追随幼儿的兴趣点，后期不断进行调整，完善了种植实验区、写生区、石头屋、体验区、拼摆搭建区，根据季节特征等更新了美工教室、泥工教室、表演教室的活动内容，为幼儿提供多元的创作艺术空间，支持幼儿参与课程实践活动。

（三）创设灵活生动的户外课程环境及游戏活动

通过打造园本课程环境，干部和教师一起边思考边行动，旨在创设适宜的课程活动内容，支持幼儿进行快乐的游戏。通过打造沙区、小水池，让幼儿在玩沙玩水中亲近自然；通过投放民间游戏棋、黄土泥、粉笔、水粉笔、画板等材料，让幼儿在自然环境中处处可活动；通过开展真人 CS、水枪大战、交警游戏、堆箱子、撕名牌的户外游戏活动，让幼儿的身体在游戏中获得发展；通过饲养小鸭子、造小船、照顾植物等活动，让幼儿在操作中学习、在探究中发展。

（四）开展快乐星期四活动

为了看到幼儿最真实、最快乐的样子，我们启动了"快乐星期四"活动。在这一天，孩子们无拘无束、自由自在，他们可以去他们想去的任何地方游戏，可以找他们的好伙伴、兄弟姐妹进行自发的游戏活动。孩子们在这一天呈现出了自己最开心、最自主且最真实的游戏状态。随着"快乐星期四"活动的推进，我们也通过召开照片故事分享会的形式，了解"快乐星期四"对教师的触动，了解教师教育理念的转变。通过分享会，我们发现教师对照片的命名脱离不了以下这些词汇：开心、笑脸、自主、自信、探究、勇敢、生活等。通过老师的讲述，我们不难看到老师们逐渐能够看到儿童快乐的样子，也逐渐能够看到儿童探究学习的模样。当孩子们快乐的笑脸映入老师们的眼睛后，教师对于幼儿游戏的态度发生了根本性的转变。我们要真正走进儿童的内心，去发现并支持他们的喜好，让幼儿在生活中学习，在学习中生活，尽可能支持幼儿表现出自己原有的样子。在这个过程中，教师和幼儿共同成长。

第五节 课程保障制度

一、健全组织机构，明确部门及人员职责

（一）建立课程管理制度，推进课程规范化管理

以"育美"管理体系、"育美"园本课程、"育美"家园共育、"育美"环境创设四个支持策略为落地路径，形成"育美教育"实践体系。"育美"管理体系主要体现对美的追求与向往。以"对人格的尊重，对教育的敬畏，对人性美的激励"为原则，从制度建设、组织机构建设和队伍建设三个方面建设制度文化和行为文化。不断完善幼儿园各项规章制度，使其更具操作性、实效性。同时建立最美教师评价标准，激励教师自觉进步。

（二）成立以园长为组长，以业务园长为副组长，以保教干部、行政后勤干部、年级组长、班长、家委会代表为组员的课程领导小组，全面领导课程建设工作

课程领导小组做好课程推进整体规划，建立园所课程建设的顶层设计机

制。主要负责制订课程方案、组织有关课程调整和发展的会议，负责课程的开发、编写与质量评价，负责教师培训、教育指导、日常课程管理，负责建立课程资源库，结合实际情况进行分析研讨，不断推进课程建设。

课程领导小组分工及主要职责：

组长：

1. 对课程规划及建设统筹工作全面负责；

2. 负责课程建设制度保障；

3. 负责课程建设内外部资源协调保障；

4. 负责课程建设资金保障；

5. 对课程实施进行全面督导。

副组长：

1. 协助园长规划幼儿园总体课程的规划和开发；

2. 负责根据课程总体规划撰写课程实施方案；

3. 负责带领保教干部制订课程总目标及具体目标；

4. 负责课程的开发、编写；

5. 负责课程实施质量评价，制订评价量表；

6. 负责组织召开有关课程调整和发展的有关会议；

7. 负责协同保教干部和后勤主任组织建立好课程资源库；

8. 对课程实施进行日常管理（课程审议）及调控。

保教干部：

1. 参与课程方案的总体规划、开发和编写；

2. 在业务园长的带领下制订课程总目标及具体目标；

3. 根据业务园长的指导，传达落实，检查日常执行情况；

4. 协助业务园长建立好课程资源库；

5. 带领各年级组长定期开展课程方案的实践研究，及时总结实践中的经验，做好课程的调整与分阶段具体实施工作；

6. 定期收取课程实施的相关资料并做好管理。

行政后勤干部：

1. 参与课程方案的总体规划及开发，了解幼儿园课程建设的方向及目标；

2. 在园长的带领下负责课程建设的硬件资源采购保障；

3. 熟悉课程实施一日作息安排，做好环境卫生、场地、设施设备安全隐患排查，杜绝安全事故的发生；

4. 根据课程规划做好环境建设中的后勤保障工作；

5. 根据资源库的建设，协同保教干部对外做好地域资源衔接，对内做好档案室工作安排；

6. 根据课程实施，协同保教干部组织好保育员的相关培训及日常管理。

年级组长：

1. 参与课程方案的总体规划、开发和编写；

2. 在保教干部的带领下制订各年龄段分目标；

3. 根据课程实施需要，带领各年龄班开展集体备课，制订课程实施方案并上报领导小组进行审议；

4. 负责每周检查各年龄班课程实施计划及总结；

5. 负责带领各年龄班及时分析实践中的问题，做好课程的调整与分阶段具体实施工作；

6. 带领各年龄班围绕课程实施撰写好案例、课程故事及经验文章；

7. 负责收集本组各年龄班案例、课程故事、经验文章和日常各类教学资源，协助保教干部建立好教学资源库。

家长代表：

1. 在园长的带领下积极参与幼儿园课程建设；

2. 了解幼儿园办园理念及课程建设的方向；

3. 在园长的带领下协助家长资源的开发和利用；

4. 搜集家长相关建议，为课程建设及资源的开发提供信息保障。

（三）建立由园所干部、区级骨干教师组成的课程研发团队，积极开发适宜的课例，不断拓展、完善"育美"课程的内容

根据课程建设的需要，下设美术研究组、表演活动组、信息宣传组、资源整合组、环境创设组、主题研究组，每个组根据课程实施的需要制订计划，通过课程研究小组推进"育美"课程建设。

二、建立相关制度，确保园本课程实施

（一）审议制度

（1）幼儿园全体教师均有权参加园本课程的开发与实施，骨干教师及青年教师要积极参与。在幼儿园进行动员与培训后，可以自主申报。

（2）教师在接受专门培训的基础上，将主题活动方案、教育活动方案等相关资料上交课程领导小组会审。课程领导小组在进行全面、综合分析和评审后，决定是否组织实施。

（二）日常管理、检查制度

（1）建立计划、总结交流制度。根据园本课程实际制订出切实可行的学期计划，组织集体交流、互相借鉴；学期末教师进行全面总结。

（2）深入班级检查制度。保教处日常要深入班级进行检查，了解教师园本课程开发与实施的具体工作情况，按照常规进行教学，做出科学的评价。开展

情况将在评选优秀班级与优秀教师时做重要参考。

(三)培训教科研制度

（1）建立园本教科研机制。本着边学、边做、边研究、边调整、边完善的原则，隔周进行大教研，每周进行日常随机小教研，以课程建设为重点定期开展教研活动，研讨课程框架，审议课程内容，解决课程实施过程中遇到的问题，梳理课程成果等，并以研究课题为引领，积极推进课程建设走深走实。

（2）为教师专业成长提供各类适宜课程实施的学习机会，以走出去学、请进来教的方式积极开展各类培训及研学活动。

（3）成立课程特色小组。选拔美术、语言、音乐等特色小组组长，学期初制订活动计划，体现创新性。每月开展一次相关活动。

(四)激励制度

（1）将教师推进园本课程实施的考核情况纳入到月考核与期末考核之中。

（2）园本课程实施较好的教师在参加评优、评先、晋级时，同等条件下优先考虑。

(五)评价制度

评价方式体现多样化，将以下几个方面的评价方式结合起来。

（1）课程档案评价。课程活动小组建立活动档案，档案盒里面包括活动计划、活动记录、调查表、出勤登记表、实验记录表或调查记录表、学习体会等与活动有关的文字、图片、音像资料，作为评价小组成绩的主要依据。

（2）日常观察即时评价。日常观察即时评价要贯穿于活动的整个过程。发现问题可以随时调整课程的实施。

（3）成果展示。成果展示包括论文、案例、课程故事、调查报告、研究笔记、表演等，幼儿园定期举办研究性学习成果展示活动。

三、做好资源保障，为课程建设提供支撑

(一)自然资源保障

开发好幼儿园及地域的自然资源，通过种植、养殖、收集等活动，丰富自然资源，为课程实施建立好地域资源保障。

(二)专家资源保障

（1）积极开发有助于幼儿园课程开发及实施的大学教授、幼儿园名园长等专家资源，组建专家资源库。

（2）定期（不定期）根据幼儿园课程建设发展及实施需要邀请专家入园开展具体培训与指导。

（三）经费资源保障

根据课程建设需要确立相关环境建设及资金的使用保障。

第六节 "育美"课程建设过程中遇到的问题及解决办法

一、遇到的问题

近年来，幼儿园在实践中不断探索，系统思考课程历史与未来发展，对接幼儿园整体发展做出诸多尝试，课程初具雏形。在"育美"课程建设过程中面临以下三方面问题。

（一）教师不能有效地利用身边资源开展活动

儿童教育家陈鹤琴说"大自然是活教材"，法国雕塑艺术家罗丹说"自然总是美的。生活中不是没有美，而是缺少发现美的眼睛"。我园地处农村，有着丰富的土地资源、生物资源、气候资源、水资源等。但教师在日常活动中看不到或是不会运用这些资源。改变教师对身边资源的选择与利用不充足、不充分的现状，并能将地域资源转换为课程资源需要调查研究，寻找突破口。

（二）课程意识欠缺，教师专业性有待提升

长久以来，幼儿教师作为课程的实践者，基本上没有机会进行课程开发，且在教师心中，课程开发是课程专家的事，而自己的分内之事是管好孩子上好课。《纲要》指出，教师要"善于发现幼儿感兴趣的事物、游戏和偶发事件中所隐含的教育价值，把握时机，积极引导""教育活动的组织与实施过程是教师创造性地开展工作的过程"。这说明，一名专业教师应有能力运用相关理论对教学情境的变化进行分析和思考，理解各种教育现象所蕴含的深层教育内涵，且能将理论与教学经验进行恰当的结合。《纲要》要求教师不再是课程的使用者，而是集课程的实践者、开发者和研究者于一身的课程创造者，教师要有设计和统整课程的意识。教师的固有观念造成了教师的课程意识欠缺，对于课程的认识呈表面化，专业化程度与教学经验各不相同，在观察了解儿童方面有待加强，专业性有待进一步提升，这就需要课程建设伴随着教师培养培训同行。

（三）幼儿缺少自信，不敢表达表现，需构建满足儿童发展需要的课程

幼儿是课程活动的主人。我园幼儿来自长沟本地，身体素质较好，同伴间交往机会多。近三分之一的幼儿来自二孩家庭，家长对孩子的教育多以说教为主，或无暇顾及或言听计从，使幼儿的情绪情感、自信心、交往能力、语言表

达能力或多或少受到影响。因此，需要我们关注每个孩子的发展，使他们在日常活动中主动勇敢、大胆自信、会沟通会表达……于是，我们通过构建"育美"课程，读懂幼儿需要，寻找满足他们发展需要的课程内容，有的放矢地开展活动，促进幼儿全面发展。

二、解决问题的过程和方法

我园干部教师共同研讨、调查、总结、规划课程方向，通过制订计划、收集资料、实践研究、反思总结、调整改进、梳理经验及共享的螺旋式上升的发展进程，探索"育美"课程，促进预期研究目标的实现。

（一）资源有效整理，打造园所"育美"环境阶段

幼儿园依托地域优势，将自然资源、人文资源、小学内部资源加以分析与整理，从材料、内容方面进行扩展与创意。可利用的自然材料有白薯梗、麦秸秆、玉米轴、石头、毛草、叶子等。可开展的活动有：利用长沟大集组织幼儿进行社会交往活动；结合长走大会引导幼儿进行健康运动；在葵花盛开、荷花满池、鼠尾草园遍地紫时引发幼儿进行美的欣赏和创作；走进地质博物馆激发幼儿对科学的感知。此外，幼儿园内种有100多种植物，其中有20多种树木，只开花不结果的树有6种，既开花又结果的树有10多种，不开花不结果的有7种；藤本类植物有将近10种，花草类植物有近80种。这些自然资源为园所课程开展提供了充分的空间和支持。结合上述分析，我园将众多资源进行了梳理，建立了课程资源库。

同时，结合园所实际，因地制宜地进行幼儿园环境改造，主要遵循以下三个原则：一是课程内容好玩、有趣、有意义；二是课程经验与幼儿生活、游戏相关；三是课程材料易于获取。利用园内自然资源，营造自由、自主、生态的园所环境；结合幼儿兴趣、活动经验，创设开放、创意、多元的公共环境。幼儿园加强组织领导，集中人力、物力和财力进行园所环境创设。

1. 巧用自然资源激发幼儿兴趣，构建园本课程环境。

干部教师一起边学习、边研究、边实践。全园教职工共同出力，将阳光棚改造成具有长沟地域特色的、好玩的、有趣的自然体验生活场馆，包括实验乐园、种植角、写生角、生活操作区、语言区、拼摆区、石头坊等。还打造了美术、木工、泥工、表演功能教室，支持幼儿进行多元表达。课程环境应是幼儿身边熟悉的事物、事件；应是孩子喜欢的、优美的；应是可操作的、可以支持孩子获得有益经验的；更应是能够调动幼儿原有生活经验的。关注本土文化，对接幼儿生活，教师和孩子们共同创设了二层、三层的走廊、楼梯环境，从材料收集到环境创设再到体验互动，幼儿全部参与其中。葵园之美、荷花之韵、圣泉之眼、林下之乐，四面楼梯环境创设完成，均是

来源于长沟镇典型的风景，记录着幼儿在生活中的真实经历、收获与体验，形成了别具长沟风格的课程环境。环境中还提供了相应的操作材料，支持幼儿在此进行游戏活动。同时，扩大幼儿园绿化面积，种上山楂、石榴、迎春、连翘等植物；在小菜地里种上毛豆、红薯、丝瓜、葫芦、向日葵、高粱等农作物。总之，利用幼儿生活中熟悉的自然材料，使环境自然、生态、有趣、可操作，想象创意无限，利于幼儿充分活动，并给幼儿带来丰富多彩的活动体验。

2. 利用自然资源打造艺术环境，营造自然生态的班级环境。

自然资源包罗万象，如何选择、使用需要一定的思考和实践。我们梳理出自然资源的如下特点：无污染、易收集、可塑性强、外形美观等。如我们利用木桩、树枝、木片、松塔、贝壳、葫芦、树叶、花等材料，制作了毛笔架、书架、发夹托、笔筒、卫生纸架、花盆、相框等物品，服务于幼儿在园的生活，美化班级环境。我们还利用自然材料进行区角创设，将自然角、图书区、美工区进行有效的结合，创设绿色、生态的自然区角，支持幼儿开展观察植物、阅读体验、写生创作等活动。

（二）追随幼儿兴趣，调整园所课程实践阶段

1. 从户外游戏研究到户外区域联合看到的师幼变化：坚定。

教师是课程建设和推进的关键，有什么样的儿童观就会产生什么样的课程，我们努力与教师找到相同视角切入。户外活动是教师和幼儿在一日生活中相对放松的环节，于是为了改变教师让玩什么就玩什么的现状，我们从研究户外游戏入手，让老师们收集户外游戏并实施。一段时间后，我们发现户外活动的明显变化是游戏性增强了，老师们组织游戏的水平也有了显著提高。于是我们又做了另一项尝试：户外区域大联合。目的是让幼儿可以到喜欢的户外游戏场地活动。户外联合活动后，老师们最大的感触是不用叫孩子们参加运动了，他们变得主动并且有想法，运动能力也得到了提高。

2. 从"快乐星期四"引发的全体教师儿童观的大讨论：惊喜。

户外联合活动让我们破解了一部分老师担心的安全问题，让老师们看到了游戏状态下的户外活动带给孩子的快乐。然后我们在区域活动中提出了和户外活动一致的要求，但是一段时间过后，并没有发现什么变化。于是，我们开展了一项大胆的尝试——"快乐星期四"活动，每到星期四，全体教职工固定在相应的位置，孩子们自由活动。因为是幼儿自主自愿的活动，所以我们看到了幼儿有别于日常的活动状态：开心的笑声响彻幼儿园，遇到问题时大胆询问，小伙伴间友好互助，在游戏中专心专注。老师们也惊喜于孩子们的状态，我们及时引发讨论：你看到的孩子是什么样的？他们为什么会这样？

3. 从每班一个亮点区域入手到区域联动资源共享：好玩。

有了前面的经验，我们倡导老师在班级开展让孩子们喜欢的区域，从每班一个亮点区域入手到全园区域大联合，在此基础上拓展半日研究、六一游园会等活动。

（三）转变教师理念，持续研究实践反思阶段

通过开展课程培训及课程经验分享，引发教师思考讨论"什么是课程"，在理念传递和实践分享的过程中，加深教师对课程的进一步理解，为课程实践打好基础。通过视频、事例，引发教师对"什么是儿童视角"的理解。很多教师有了意识，转化为自己的教育实践行为。相继开展"数学核心经验—比较与测量""数学核心经验—几何与空间"专题培训，帮助教师在数学教育方面获得理论和实践的突破。有效利用居家办公期间，开展如"半日活动方案培训""好孩子是这样炼成的""幼儿民间体育游戏传承与发展的思与行""体育教学活动专题讲座""乐享音乐游戏"等培训，帮助老师在居家期间时刻保持对教育的学习和思考。发挥骨干教师"传、帮、带"作用，组织教师进行专业图书骨干领读活动和献课活动。通过骨干教师的领学，老师们对于理论落位实践有了进一步的认识。同时，将以课程实践为基础的园本培训与教师涵养素质提升的园所活动相结合，如将骨干教师经验讲座、课程理念专题讲座活动与读书之星、运动达人、美食家、摄影师、艺术家等评选活动相结合，培养爱学习、善思考、会生活的教师队伍。在教育教学实践的问题与困惑中推进课程建设，激发了教师参与课程建设的积极性，也让干部看到了课程管理靠实践更要重讨论，继续推动下一轮的课程研究。

（四）巩固适宜行为，追溯课程理念总结成果

幼儿园课程是实现幼儿教育的手段，在课程实施的过程中，要及时巩固适宜行为，总结课程成果。通过班级小书制作、儿童绘本、课程故事、幼儿成长故事分享等方式将课程成果固化，从动态转变为静态，从而保存、提升成果。如在开展主题活动"红薯的秘密"过程中，由"红薯像什么？"引发幼儿的讨论。孩子们发挥想象，大胆表达。最后孩子们通过手工制作与绘画，制作成了班级小书《红薯的故事》，在图书区进行充分的交流。幼儿园一日生活皆课程，一次惊奇的发现、一个游戏、一段经历，都可能成为孩子们津津乐道的话题，经过幼儿艺术创作形成儿童绘本。如园本儿童绘本《是谁偷吃了我们的草莓》，源于幼儿的一次偶然发现：草莓被偷吃了。教师捕捉到幼儿感兴趣的问题和关注点，引导幼儿进行猜想和讨论，进而设计、制作稻草人，制作绘本并讲述故事。老师和孩子们在自然中发现，在发现中思考，在思考后实践，在实践中获得。这也正是陶行知和陈鹤琴先生提出的"生活即教育""大自然、大社会都是活教材"的课程观。实践中，幼儿将有意思的活动梳理制作成儿童绘本，不仅可以丰富想象力和创造力，提高绘画水平，而且会积极有效地拓展语言能力，得到情感上的满足。园本教研注重课程故事交流、幼儿成长故事分享，继续发现课程，理解儿童。教师将自己即时的、有目的的教育实践的反思梳理成课程故事，进行分享交流，展现了教师与幼儿遇到课程问题、探究课程问题、解决课程问题的过程。通过园本教研进行研讨，聚焦于教育实践中的组织与实施，引导教师学习课程设计的思路与方法。课程故事中蕴含着教师对实践的反思、领悟，交流时重述故事会实现再反思，这种"双重反思"使得教师重新认识教育，促进自身教育观念的更新和教育经验的积累。

◎ 第二章

"育美"课程对地域资源的
开发与利用

　　《纲要》中指出，城乡各类幼儿园教育应从实际出发，因地制宜地实施素质教育，为幼儿一生的发展打好基础。农村幼儿园有着得天独厚、丰富多样、贴近生活的各类资源。如何开发和利用这些资源，以多元的实践活动引导幼儿在生活中成长，在实践中体验，积累生活经验，促进五大领域的均衡发展，成为农村幼儿园需要深入研究和破解的问题。

　　我园地处北京市的农村，这里有着丰富的自然资源、人文资源和深厚久远的历史文化底蕴。大湖风景区里的花果茎叶、田地里的各类农作物、树林里的各种树木、花田里的向日葵、山丘沟壑里各种各样的石头、特殊地带的超黏红土等丰富的自然资源呈现了农村独有的风貌与特征。流传数百年的大集、国际长走大会、国家地质博物馆、西厢画苑等浓厚的人文资源，为当地人的生产生活营造了浓厚的文化气息。幼儿园内的生态园、种植区、阳光房、沙池、水系等为幼儿园的课程建设提供了丰富的可创、可变、可探索的空间与机会。

　　如何使这些资源为幼儿园的课程建设服务，充实幼儿园的教育资源，彰显生活教育、自然教育的理念，培养幼儿融入自然、热爱家乡的情感，从而支持幼儿的全面发展呢？本章将从地域自然资源、社会文化资源、园所场地资源三部分介绍对地域资源的开发与利用情况，阐述如何让既环保又安全、既经济又贴近幼儿生活的各类资源发挥最大化的教育价值。

　　一个个资源在课程活动中变得生动、有活力、有价值，灵动地创设于幼儿园的区角环境中、应用于幼儿的一日生活中。幼儿和教师赋予了它生命，它也充实着幼儿的在园生活。扫描二维码欣赏我园的资源利用情况吧。

资源创环境　　　　　资源巧利用

第一节　地域自然资源

一、向日葵

每年9月，在我园附近的花田里，两千多亩向日葵花竞相开放，一派金秋葵海的景象美不胜收（图2-1）。黄色的花瓣明艳鲜亮，颜色里已经充满了阳光的味道。镇里引进了八十多个葵花品种，其中以油葵为主，其他的食用葵和彩葵，丰富了花田的观赏性和实用性，成为我镇标志性的作物。如此美景加上秋日的好天气，吸引不少周边市民和游客专门前来观赏。家长也会带着孩子去游玩，每次游玩回来后，都能听见孩子们开心地分享感想。

图2-1

《纲要》指出，幼儿园课程要源于幼儿的生活经验，符合幼儿的兴趣爱好，也有助于幼儿经验的提升。我们把握住园所周边的自然教育资源，与幼儿园的课程相融合，一场小朋友与向日葵的邂逅就开始了。

（一）初识向日葵，追随幼儿兴趣开展种植活动

孩子们去葵花田游玩回来后，经常讨论："我看到了好多向日葵，花瓣的颜色都不一样。""我看到了不同高矮、不同大小的向日葵。""我看到有的向日葵的花瓣里是黑色的，妈妈告诉我那里会长出我们吃的瓜子。""向日葵真好看，幼儿园里要是也能种一些就太好了。"……听了孩子们的话，我和孩子们一起讨论，决定在班里的植物角种植向日葵。在种植前，我们让孩子们通过询问花田工作人员或和家长一起上网查阅资料等方式展开调查，了解都有什么样的向日葵，怎样照顾向日葵等。

在调查的同时，我们的种植活动也正在紧锣密鼓地筹备着。孩子们自发地在园里的废旧材料区寻找合适的种植器皿。找到后觉得不美观，一起商量对花

盆进行装饰。从花盆装饰的设计到创作，都由孩子们主导。当遇到分歧时，他们能够尝试投票解决，统一意见。种植后，孩子们自行设计了种植记录表，每天去观察、记录向日葵的生长情况。在孩子们的期盼中，向日葵发芽了。

幼儿对向日葵充满兴趣，自发地进行种植。教师最大限度地给予幼儿时间和空间的自由，让幼儿做课程活动的主人。幼儿能够积极主动地参与到活动中来，主动思考、探究。

（二）照顾向日葵，适时介入支持幼儿深度学习

随着向日葵一天天地长大，孩子们又发现了新的问题：种植向日葵的花盆太小了。通过以前的种植经验，孩子们知道种子育苗成功后需要进行移栽，于是，一场移栽活动就开始了。在移栽的过程中，孩子们小心呵护向日葵花苗，分工合作，完成了向日葵花苗的移栽。

孩子们每天都会来观察向日葵，向日葵长了多高、什么时候给向日葵浇水等问题接踵而来。讨论向日葵有多高时，孩子们讨论出来可以用尺子测量，但是孩子们都没见过尺子。正不知道怎么办时，教师及时进行介入，为幼儿提供了尺子，鼓励幼儿将尺子固定在向日葵旁边，方便每天都进行观察。后期尺子不够长了，教师又引导幼儿学习新的方法：用物体测量，然后量物体的长度。教师的及时介入有效地支持了幼儿的深度学习。

（三）向日葵的畅想，鼓励幼儿进行多元表达

经过孩子们的精心照顾，向日葵终于开花、结果，孩子们关于向日葵的畅想也开始了。孩子们欣赏了梵高的名画《向日葵》，感受著名画家大胆用色来表达自己的情感。孩子们也纷纷画出了自己心目中的向日葵（图2-2）。此外，孩子们还延伸了各种活动：会画一画《我和向日葵的故事》《向日葵的生长过程》《瓜子的旅行》等自编的小故事；用多种材料制作向日葵来丰富自己的艺术创作；表演一些与向日葵有关的手指游戏、律动和音乐；剥瓜子、晒瓜

图2-2

子、炒瓜子、尝瓜子的活动；在户外活动中玩运瓜子的情景游戏；给瓜子称重，评选出"向日葵大王"。有关向日葵的活动如火如荼地进行着。

在整个活动中，教师很注重关注幼儿五大领域的全面发展，支持幼儿在活动中进行多元表达。孩子们自主、自信地表达自己的想法。

陈鹤琴先生说过：大自然是活教材，我们用眼睛去仔细看看，要伸出两手去缜密研究。《指南》中指出，我们应该充分尊重和保护幼儿的好奇心，创设丰富的教育环境，合理安排一日活动，最大限度地支持和满足幼儿通过直接感知、实际操作和亲身体验获取经验的需要。正是教师将幼儿对周边自然资源的兴趣对接园里的课程活动，真实地让孩子去操作体验了，才有了如此生动的课程活动。

二、荷花

农村为了美化环境会种植很多的植物，其中荷花就很普遍。我们该如何利用这一自然资源，将它的价值发挥到淋漓尽致呢？我们从乡村的实际优势出发，对荷花这一自然资源进行充分的开发与利用，让荷花在教育教学活动中发挥它独特的教育价值，让幼儿在探索与实践中得到相应的发展，推动幼儿园的课程建设。

看到美丽的荷花，孩子们都兴奋不已，迫不及待地想要将这美好的一刻记录下来。后来我们进行了讨论："你们想用什么方式进行记录？"有的孩子说想要用照相的方式记录，有的孩子说想要画出来，还有的孩子说想要以美好的词句进行记录……于是孩子们开始一一实践自己的计划。

（一）创设照相馆

彬彬说："老师，我们要是有个照相馆就好了，可以每天给荷花拍照。"我说："可以啊，我们也可以创设一个照相馆，然后给它取个名字。"果果拍手说："太好啦！我们也要有自己的照相馆啦！"照相馆成立后，区域活动或者户外活动的时候，照相馆的小朋友们会举起手中的相机，将美好的画面定格。月月说："老师，我知道怎样聚焦荷花，因为我跟爸爸一起学过摄影，我还可以教小朋友们。"姗姗说："月月，你可以教教我吗？我还没用过相机呢。"月月很开心地说："当然可以。"孩子们用自己的方式记录着荷花的美丽（图2-3）。连续拍了几天之后，嘉康再次翻看照片的时候提出了疑问："为什么每一天的荷花都不一样？前几天还是花骨朵儿，过几天花骨朵儿已经开了，再看后面的照片，花骨朵儿已经完全盛开了。"这个时候，依依说："老师，那万一时间久了，照片乱了怎么办？我们都不知道是哪一天拍的了。"我反问道："那你们想想办法，我们要怎么办呢？"佳慧说："老师，我有个好办法，我们可以在照片后面写上拍摄日期，这样以后就能分清楚了。""真是个好主意！"于是小朋友们在每一张照片后面都写上拍摄日期。小朋友们清晰地看到荷花每一天的变化，时间久了，荷花的成长过程就变成了一个记录相册，其他区域的小朋友也可以过来翻看，大家共同见证荷花的变化过程。

图 2-3

（二）诗词大会

与此同时，老师们自行举办了有关荷花的诗词大会。在阳光灿烂的午后，老师们围着满池的荷花，运用自己喜爱的诗句赞美着荷花。大班的小朋友们也不甘落后，争先恐后地来到荷花池边，用各种形容词或是美丽的句子赞美荷花。润泽说："荷叶像翡翠盘，像一把把雨伞。"鑫怡说："我会用形容词形容荷花，我看到的那本书就是描写荷花的，例如亭亭玉立、清香阵阵、沁人心脾。"虽然有好多词语都是平常很少提及的，但是荷花实物的出现激发了幼儿的内在潜力，也让孩子们更加理解词语的含义。孩子们正兴致盎然地陶醉其中，远远地听到小班的弟弟妹妹数着1、2、3、4、5，回过头来一看，孩子们正用肉嘟嘟的小手指着池中的荷花，一边指一边数着。其中一个小朋友深深地吸了口气，说："我今天一定要把满池的荷花数完。"说着又开始数起来。

（三）户外写生

佳宇说："老师，我们可以坐在荷花旁边画画吗？"我立刻答应了佳宇的请求。于是孩子们拎着水桶，背着画板，井然有序地来到荷花池边。他们自由选择座位，有的坐在滑梯边，有的坐在平衡木上，有的直接席地而坐。之后，孩子们一起用手中的画笔描绘只属于"他们"的荷花。赵子赫说："老师，为什么我选了好几种颜料都选不到我看到的荷叶的颜色？"老师说："这里的绿色不止有一种绿，粉色也不止有一种粉，这就是大自然的颜色。你们可以尝试着去调色，调出和大自然一样的色彩。"这个时候汪可韵说："老师，我看到荷叶不止有一种绿色，我想把这个绿色加一点白色进行调色，把荷叶的边缘画成这个颜色。"老师鼓励她大胆去尝试。

（四）探寻荷花的营养价值

荷花不仅美丽，而且全身都是宝。"荷花的哪部分可以用来做什么？"我和孩子们围绕这个话题展开了讨论。默默说："我最喜欢吃莲藕，嚼起来软软糯糯的。"泽琪小朋友说："我妈妈喜欢喝荷叶茶，因为荷叶茶可以美容，还可以减肥。"嘉申说："我喝过莲花花瓣粥，吃的时候姥姥给我加了一些蜂蜜，特别香甜。"看来小朋友对荷花都有一些了解。接着，我们制作了调查表，开展进一步的调查与研究，研究荷花身上都有哪些宝，这些宝都有哪些功效，以便在此基础上对幼儿的经验有一个整体的提升。此外，我们还开展了有关荷花营养价值的教育活动，对幼儿所收集的资料进行汇总和总结。安琪拿着自己的调查表说："荷叶具有祛湿、减肥的功效。"雨轩说："老师，我们选区的时候可以在阳光房花果茶区泡荷叶茶吗？""当然可以。"诺伊说："可是不知道妈妈喝的荷叶茶是不是和我们幼儿园的一样，也是将摘下来的叶子进行浸泡的吗？"彬彬说："可以洗干净、晒干、再泡。"我说："好呀，我们都可以进行尝试。"韵涵说："老师，除了荷叶，莲子粥也特别好喝。"康康说："我调查过，新鲜又绿的嫩莲子，可以直接剥下来当水果吃，也可以当药材。"优优说："莲子芯儿也可以泡茶。我看奶奶泡过。"这个时候，佳慧说："老师，这样的话，我们的茶区还可以泡莲子茶。"一一说："我们还忘记了一个特别重要的部分——莲藕。我们昨天吃的排骨炖莲藕就是伙房的叔叔阿姨从幼儿园里弄的。"鑫怡说："莲藕汤也特别好喝。"这么一说，荷花真是个大宝贝。

（五）留住美好

到了秋季，荷花差不多都干枯了。润泽说："老师，我想把荷花都搬走，不想让它们被冻坏。"我说："那我们有哪些好办法呢？"子城说："把它们用剪刀剪断，然后放到班里的植物角。"孩子们都说这是个好办法。于是我们将这个"秋景"搬到了班内的植物角中。孩子们错落有致地摆放着莲蓬、荷叶等。佳慧说："老师，为什么看到这样的荷花，心里会不高兴？"我告诉孩子们："再过一阵儿，无数的莲藕和莲子会孕育新的开始。到时候我们挖出冬天的藕，可以看到上面还会带着新芽。"孩子们听到这些，嘴角不禁扬起了微笑。

三、石头

农村的石头随处可见，如何真正利用好石头这一自然资源呢？

（一）创设石头博物馆

长沟镇有着非常有名的地质博物馆，那里以珍奇秀丽的地质景观为主，珍藏着很多中国特色矿物标本，孩子们经常去那里参观游玩。面对不同质地的石头，孩子们也饶有兴趣地谈论了起来："这个石头叫什么？""这块石头是透明的呀！""它们的颜色都不一样呢。"……随着孩子们的交谈，教师发现幼儿最好的玩具应该来源于自然。为了追随幼儿兴趣，老师和孩子们一同商讨，决定设计一个属于我们自己的"石头博物馆"。教师利用自身资源、全园教师和家长，收集了许多各式各样的石头。教师支持幼儿去调查统计"石头博物馆"都有哪些石头，它们分别叫什么，有什么用处。经过孩子们的调查统计，我们发现小小的"石头博物馆"竟然有近 20 种石头。孩子们用符号和简单的汉字为石头制作了名片展牌，还将石头的简要介绍录制成音频，供其他小朋友了解。我们的石头博物馆就此诞生。

（二）博物馆里的游戏

1.《星空》。

石头博物馆成立了，我们在里面都可以做什么游戏呢？教师给予幼儿充足的空间。游戏时，恩成拿出一小筐又碎又小的石头，一颗一颗地摆放在地上，很快就摆了一地，石头屋显得很乱（图 2－4）。我问恩成："恩成，你怎么把小石头摆了一地呢？"恩成没有理会我，仍是低着头，认真地拿起一颗颗小石头摆在地上。我看不懂，又继续问："恩成，你在摆什么呢？这样看起来不乱吗？"恩成抬起头看着我说："老师，你猜我把石头变成什么了？"我仔细看着地上零零散散的石头，摇了摇头。恩成说："像不像天上的星星？"听到恩成的回答，我看着满地的小石头愣了一下。是啊，这不就像是晚上满天的繁星吗？我马上赞同了恩成的想法："这些星星真多呀！到了晚上一定很好看！"恩成继续说："星星这么多，晚上就会亮亮的，我妈妈晚上

图 2－4

下班回家的时候就不会害怕黑了。"孩子们听到了恩成的话，也对"星星"来了兴趣。梦熙说："我去过天文馆，星星其实是圆圆的，像一个球，我去找一个圆圆的小石头来当星星。"子昊也拿来了许多石头说："我来摆一个月亮，这样晚上的时候就更亮了。"在孩子们的共同努力下，石头屋里呈现出了一片美丽的"星空"。

2. 石头大变身。

博物馆刚刚建成，每次快乐游戏日的时候，都会去很多人。在一次游戏日的时候，弟弟妹妹刚进石头博物馆就转身走开了，嘴里还嘟囔着："这个石头博物馆一点都不好看，我去的博物馆都有很多漂亮的作品。"于是，教师抓住这个教育契机，引导幼儿思考：石头都可以做什么？怎么吸引更多的人来石头博物馆？幼儿展开了激烈的讨论。浩浩说："我们找些漂亮的石头放在柜子上，就像博物馆那样。"紫熙却说："这里的石头都是灰灰的，怎么才算漂亮呢？"阳阳说："之前在班里我拿石头画过七星瓢虫，我们也在大石头上画画吧！"小伙伴们都赞同了阳阳的好主意。于是大家开始在石头屋寻找自己心仪的石头。浩浩来到隔壁的南瓜屋挑了一个大南瓜，说："我看这个南瓜挺好看，我一会儿画个南瓜。"紫熙边挑石头边说："我喜欢吃草莓，我一会儿就画个大草莓摆在这里。"

孩子们挑好石头后，一起来到美工教室挑选颜料进行创作。浩浩拿着选好的石头在南瓜上比来比去，说："嗯，我感觉这块石头真的很像南瓜，就是有点扁扁的。"说完，浩浩找出了黄色和棕色的颜料，开始为石头涂色。紫熙也拿着她选好的石头看了又看，然后找出了红色、白色、绿色的颜料，一边为石头涂色一边说："我挑的这块石头是椭圆形的，上面还缺了一角，正好可以画上草莓的叶子。"在孩子们的创作下，"大南瓜"和"大草莓"都画好了。他们小心翼翼地把装饰好的石头摆在柜子上，本来灰色调的石头屋瞬间有了鲜艳的色彩。

3. 垒高高。

孩子们最感兴趣的游戏是"石头博物馆"里的垒高游戏（图2-5，图2-6）。他们经常和好朋友比一比谁的石头塔垒得又高又结实。起初，孩子们都是先在最下面放上一块大石头，依次往上放更小的石头。后来他们希望探索出更好的方法，垒出更高的石头塔。

游戏中，孩子们有了新发现：下面多放一些石头，把垒高石头的缝隙填上一些小石头会更稳，也可以更高。为了支持孩子们的探索，我投放了关于"石头塔"的照片。孩子们对着照片仔细观察、仔细研究，积累了更多的经验，石头塔也越来越高。为了满足不同年龄幼儿的需求，我们还投放了一些古诗图画，中大班的幼儿可以用石头垒出古诗中的意境。

小小的石头具有大大的教育价值。除了支持幼儿自主与石头进行互动外，教师还追随幼儿的兴趣，将发展目标物化于小小的石头中，支持幼儿在游戏的过程中获得多领域的发展。

图 2-5

图 2-6

4. 石头棋游戏。

我们在石头上绘制不同的动物图案，进行石头棋游戏。孩子们在游戏规则的要求下，进行着思维的较量（图 2-7）。

图 2-7

5. 石头迷宫。

通过在石头上画上不同的花纹，孩子们进行着迷宫游戏。两个小朋友共同游戏，一个出任务卡，另一个完成迷宫拼图，石头迷宫挑战赛也由此产生。

6. 石头花坛。

孩子们通过自己的想象和设计，将五颜六色的石头摆成花坛的造型。

7. 石头淘宝。

将不同材质、种类的石头混放在沙子里，幼儿用小镊子将石头找出来并进行分类和统计（图 2 - 8）。

图 2 - 8

石头，是我们在生活中常见的自然材料，却也可以变成孩子们游戏的主角。孩子们与石头"碰撞"出火花，激发了幼儿自主游戏的热情，促进了想象力、创造力的发展。教师在游戏中是参与者、观察者、倾听者和引导者，应追随幼儿的兴趣，尊重幼儿的意愿，站在幼儿的视角看待游戏，让幼儿实现"玩中学"，从而得到全面的发展。

四、红土

红土是长沟地区一种特有的黏性泥土。红土是一种黏性土，其特点是高含水率、低密度、低压缩性。红土构造性良好，呈酸性，比较适合那些喜酸性的植物，黏性非常大，土壤容易板结。

《纲要》指出，要引导幼儿对身边常见事物和现象的特点、变化规律产生兴趣和探究的欲望，从而使孩子更亲近大自然，珍惜自然资源，做一个生活的热爱者。泥巴是孩子们非常喜欢的自然材料，它的可塑性非常强，充满着大自然的气息。泥塑游戏不但可以引发孩子们的兴趣，满足孩子们游戏的需要，而且可以激发幼儿自主学习的愿望，培养幼儿的艺术创作能力。"美育"课程结合本地特有的红土，开展了一系列精彩的活动。

（一）巧用红土的特点，开展美工区红土泥活动

在一次美工捏泥活动中，小朋友手上沾满了红土，无意间将小手印在了纸上，这便激发了孩子们做红土画的热情。他们将红土放在杯子里稀释后，拿起画笔蘸取红土泥，在纸上进行创作。孩子们在创作的过程中感受着泥浆由湿变

干的过程，体验着泥浆画的快乐（图2-9，图2-10）。

图2-9

图2-10

红土泥黏性非常大，有利于塑形。在我们利用购买的陶泥土进行造型时，发现陶泥土干燥后容易有裂纹，不能长时间保存。于是孩子们利用长沟特有的红土，经过揉、摔、捏，做出了一个个立体的、充满童趣的作品（图2-11）。

在区域活动时，孩子们被长沟大集的叫卖声所吸引："糖葫芦，好吃的糖葫芦……"他们不知不觉地将手中的泥捏成了糖葫芦的样子。他们透过玻璃窗看到叫卖老爷爷推着车叫卖的情形，想要将此情景捏出来，从而还原出了长沟大集的热闹景象（图2-12）。

图2-11

图2-12

（二）户外游戏中对红土泥的利用

1. 在一次揉、摔红土泥的过程中，孩子们发现红土泥摔到地上后，露出一个大窟窿，这激发了他们对摔泥的兴趣。于是我们借助孩子们的兴趣玩起了老师小时候玩的摔泥碗游戏。因为红土泥黏性好，还有柔韧性，所以非常适合做泥碗。孩子们在多次尝试后，还探索出做泥碗的小技巧，碗底要薄且均匀，泥巴一定要软而细，中间不能有杂质，这样摔起来窟窿才会大。

2. 在户外和泥、玩泥的过程中，孩子将红土泥制作成了一块块的小方砖，像小小泥瓦匠一样盖起了小房子。孩子们在游戏中探索出如何让红土泥变成方砖，如何使用方砖盖成房子，如何建成结实、坚固、美丽的房子。

（三）利用红土泥特征腌制鸭蛋

舌尖上的美味是孩子们喜欢的，他们通过品尝自己腌制的咸鸭蛋萌生了再次腌鸭蛋的想法。在我们探索更多腌鸭蛋的方法时，用红土腌鸭蛋得到了最多的支持。于是孩子们根据红土的黏性特征，经历洗蛋—晒干—和泥—撒盐—裹蛋—包保鲜膜—保存等步骤，最终红土腌鸭蛋成功啦！

陈鹤琴说："大自然就是活教材"。孩子们在大自然的课程里面感受着红土带来的快乐。幼儿园利用红土泥的特征开展着各式各样的活动，在活动中培养孩子们的动手能力、想象力和创造力，同时也在孩子们心灵中激发出一份独特的艺术气息。好玩的红土泥游戏一直在继续着，我们的自然课程也一直继续着……

五、花果茎叶

《纲要》指出，幼儿园应充分利用自然环境的教育资源，扩展幼儿生活和学习的空间。大自然中蕴含着丰富的教育资源，可以开阔幼儿的眼界，增强幼儿的想象力和创造力，促进幼儿综合素养的提高。

（一）幼儿园花果茎叶的开发

我园草木葱郁，花果飘香，目前种植的果树有柿子树、石榴树、葡萄树、海棠树、紫叶李树、苹果树、山楂树、枣树、沙果、蓝莓、无花果、柠檬等，还有常见的银杏、梧桐、合欢、玉兰、樱花、紫藤、凌霄等季节特征较为显著的植物。种植的花草有二月兰、鸢尾、萱草花、玉簪、绣球、格桑花、茉莉花、栀子花、金银花、薰衣草、鼠尾草、向日葵、桂花、翠菊、小雏菊、草莓、薄荷、紫苏、穿心莲、黄芩等。种植园还会种植一些瓜果蔬菜、农作物，如辣椒、茄子、黄瓜、西红柿、芝麻、高粱、小麦、花生、红薯、黄豆、白菜、萝卜、豆角等（图2-13）。幼儿可以在幼儿园中充分感受自然的美，观察四季变换中的花开花谢等。教师可以有目的、有计划地和幼儿一起观察花草树木的四季变化，充分挖掘其中所蕴含的教育价值，引导幼儿发现树木之间的种类差异，了解花期的长短，花瓣的颜色、大小、数量，等等。教师也可以让幼儿自主收集植物材料，如捡拾树枝、树叶、花瓣，丰富自然资源的积累，让幼儿通过多种方式和途径展现自己眼中的四季，把这些自然资源真正渗透到幼儿的一日生活中、园本课程里。

图 2-13

(二)幼儿园花果茎叶的利用

幼儿天性好奇、好问、好探究，大自然中的各种资源充满了生命的气息，容易唤起幼儿无穷的生命活力。教师要合理利用这些自然资源，让幼儿动手动脑，关注植物的生命现象，了解生命的过程，在操作中了解物体的特性，将自然资源转化为对幼儿有益的经验。

1. 借助种植活动，亲近自然。

幼儿园的种植园和班级自然角作为大自然的缩影，是孩子们认识自然、探索自然的宝地，为幼儿提供了天天接触、长期观察、亲自管理、动手操作的平台（图 2-14，图 2-15），这里是孩子们的秘密花园，他们每天都能在这里欣赏和观察，感受动植物的多姿多彩；这里还是孩子们的科创基地，他们可以在这里探讨有趣的科普知识。如"小蝌蚪是怎么变成青蛙的?""蚂蚁是怎么挖隧道的?""蚕宝宝是怎么吐丝结茧的?"他们可以一起探索豆子发芽的秘密，观察白菜、芹菜、包菜在颜料水中的变化，进行着洋葱的土培与水培实验大对比……

图 2-14

图 2-15

2. 巧用自然物，开展区角游戏。

幼儿园的自然物种类繁多，有姿态万千的花朵、形状各异的叶子、种类丰富的果实等。这些自然物各具特色，不仅为幼儿提供了广阔的想象空间，拓宽了幼儿的视野，还能激发幼儿无限的创作热情。教师可以利用自然物开展形式多样的美工活动，如蔬果造型、叶子拓印画、干花制作等。教师在挖掘利用自然物开展多元美术活动的过程中，要引导幼儿发现大自然的美，让幼儿在创作过程中积极表现自己的感受，进行美的再创造，培养幼儿的动手能力。

投放材料首先要符合幼儿的年龄特点，让幼儿能够理解、操作这些材料。以幼儿园掉落的树叶为例，可以尝试让小班幼儿进行树叶拓印，中班幼儿进行树叶创意画、树叶拼贴，大班幼儿可以制作树叶书签。其次，考虑自然物功能的多样性。以收集的松果为例，在益智区可以让幼儿利用松果进行分类、排序的游戏，在科学区可以让幼儿利用松果进行称重、沉浮实验，在美工区可以让幼儿利用松果进行造型装饰、制作吊饰等。最后，要能激发幼儿的创意。比如将幼儿园的花果晾干制作成花果茶，开设花果茶坊，设计有新意的花果茶礼盒。巧妙利用自然物，可以最大限度地利用已有资源为孩子们提供动手动脑、发挥创意的时机和条件。

3. 挖掘自然资源，生成主题活动。

自然环境是幼儿园课程的孕育者。主题活动的生成与幼儿的生活经验、生活环境密切相关，幼儿是积极主动的探索者和体验者。例如，9 月中旬我们带着孩子们散步，经过柿子树下，一个孩子发现草地上掉落了一个坏掉的柿子，引发了其他幼儿的好奇和讨论："柿子是不是被小鸟吃掉了？""是不是它们成熟了，自己就掉下来烂掉了？""我们把柿子摘下来吧，别再被小鸟吃了。"于是一个关于柿子的主题活动就开始了，我们根据孩子们的兴趣点和问题逐步开展。

（1）摘柿子。柿子树很高，怎样摘到柿子的问题引发了幼儿对采摘工具

的讨论：找梯子爬上去摘、用棍子打下来、搬桌子等。幼儿开始利用已有经验制作各种工具（图2-16）。教师在充分了解幼儿想法的同时，要和幼儿一起讨论，并提供相应的物质支持，帮助幼儿达成目标。

（2）观察柿子。当柿子采摘下来后，幼儿发现它们的外形特征各不相同。在观察柿子的外形特征时，幼儿通过观察和比较，深入了解柿子的颜色、大小、轻重、形状等，并能够自主、自信地表达自己的发现，获得了区分生柿子和熟柿子的经验。

（3）分享柿子。柿子吃不完怎么办？孩子们想到可以和幼儿园的小朋友进行分享，但是应该怎么分呢？于是数量统计、按数取物等主题活动自然生成。柿子分好后怎么派送呢？孩子们的自主性游戏能投放和柿子相关的游戏内容吗？于是

图2-16

柿子加工坊、水果大卖场、叮咚外卖等主题游戏由此产生。

幼儿园里的柿子树蕴含着丰富的教育资源。在秋天这个收获的季节，孩子们和柿子进行了一次亲密的约会。在这一个多月的时间里，孩子们收获了许多关于柿子的经验：认识了柿子的外形特征，初步了解了如何催熟柿子，懂得了分享，等等。孩子们在寻找、尝试、解答有关柿子的一系列问题中，提升了观察、探索、表达、表现的能力，拓宽了视野。

大自然是孩子们认识世界的一扇窗，大自然中的一草一木、一叶一枝一果、一谷一籽一物，在孩子们的眼里、手里、心里，都可以变成宝贝和艺术。花儿绽放出千姿百态，叶儿轻舞出五彩斑斓，大自然里藏着诗与美，是孩子们最真实、最丰富的学习环境。作为教师，我们要善于观察，有效整合园内已有的自然资源，给孩子一片富有生机的自然之林；要善于利用，积极探索有效利用自然资源的合理途径，从而丰富幼儿的游戏活动，让幼儿园课程更"接地气"，更贴近幼儿的生活、兴趣、需要、身心发展水平和认知特点，让幼儿能自由、自主地亲近自然，用心去探索发现大自然的无穷奥秘。

六、树皮、树枝、树墩

树木材料是大自然赠与人类的宝贵财富，除了可以用来建造房屋、桥梁，具备保护土地的功能外，它还给我们创造了一道美丽的风景线。在幼儿园的活动中，我们充分利用树木材料，如树皮、树枝、树墩等，发挥老师和孩子们的想象力和创造力，使这些树木材料发挥其教育作用。

（一）树皮

树皮表面呈现出各种形态，质感突出，有一定的硬度，以灰褐、暗褐色为主。作为低结构材料，我们将树皮投放到美工区，支持幼儿的美工创作。幼儿会进行树皮粘贴画（图 2-17，图 2-18）或者拓印活动，还可以进行立体手工制作，如树屋、小船等。

图 2-17   图 2-18

（二）树枝

树枝在生活中更加常见，在幼儿园的运用也更为广泛，粗细不同、形态各异的树枝能够激发幼儿的想象力。一般我们会将原始的树枝进行切割，按照粗细、大小和弯曲程度进行分类。

粗一些的树枝投放到户外，做成玩具支持幼儿的户外活动，例如 "赶小猪" 游戏中的棍子，在种植活动中幼儿抬水用，还可以让孩子们涂上喜欢的颜色和花纹装饰成小栅栏，围在花花草草的四周。

细一点的树枝通常运用到室内，一部分用来进行环境创设，如做成墙饰的花边、幼儿作品展示架、画框、毛笔架、首饰展示架等（图 2-19，图 2-20）。一部分投放到美工区，便于幼儿进行立体创作（图 2-21，图 2-22）。

图 2-19   图 2-20

图 2 - 21　　　　　　　　　　　　　　图 2 - 22

老师们也会发挥自己的智慧，把更细一些的树枝做成益智玩具，如挑棍游戏，或是用于教具。

奇形怪状的树枝深受孩子们的喜欢，他们会在一起讨论这根像什么，那根像什么，然后充分发挥自己的想象力，用这些树枝进行创意拼摆（图 2 - 23，图 2 - 24）。

图 2 - 23　　　　　　　　　　　　　　图 2 - 24

（三）树墩

树墩是树身锯去后剩下的靠近根部的一段，是整棵树最粗的部分，有一定的重量，在户外运用的比较多。高矮适宜的树墩，可以当作幼儿的小凳子，还可以做成梅花桩和荡桥。

树墩可以被切成薄片，孩子们在上面画上自己喜欢的图案，悬挂在班级里、走廊里，又是一番风景（图 2 - 25）。有时也用来呈现作品，在树墩的衬托下，作品更有意境。在班级里投放新的树墩时，孩子们会开展科学探究活动，如观察年轮、发现植物的向阳性等，一起发现树墩里的秘密（图 2-26）。

图 2-25

图 2-26

七、农作物

玉米、小麦是北方农村地区最常见、最普通的农作物，以此为切入点，将玉米、小麦资源渗透到幼儿园各项教育活动之中，深挖其教育价值，融入创意思考，深入生活实践，以发挥出农作物资源的教育优势，助力幼儿全面发展。

（一）玉米的开发利用

1. 环境创设，打造自然成长空间。

农作物资源融入幼儿园之中，可以创设自然的教育环境，从而打造幼儿成长的自然空间。以玉米皮、玉米棒为材料进行艺术化的创意设计，融入幼儿园班级环境之中，使幼儿园教育环境变得生机盎然、富有情趣，朴实又充满自然气息。用玉米皮串起玉米棒，金灿灿的玉米带来丰收的喜悦。教师还可以带领幼儿利用玉米皮进行各种小制作，装扮幼儿园，比如将玉米皮扎成灯笼，编织风铃进行悬挂，编织成鸟窝，增添乐趣（图 2-27）。原本不起眼的农作物材料，经过幼儿与教师的操作，华丽变身，成为幼儿园环境的一部分。

图 2-27

2. 区域活动，激发幼儿创造潜力。

在区域活动中，为幼儿提供玉米皮、玉米秸秆、玉米粒等丰富的农作物材料，给予幼儿自主创作的空间，激发幼儿创造的潜力。幼儿在玉米皮上作画，用玉米皮进行剪纸创作和拼贴画制作，将玉米皮拧成绳进行编织活动；在老师的带领下，利用玉米秸秆制作小栅栏，编成玉米囤，用玉米秸秆捆扎成各种小动物，活灵活现，更添创作乐趣（图 2-28）。幼儿自主探索各种方式将玉米粒取下来，锻炼独立解决问题的能力与动手操作能力（图 2-29，图 2-30）。设置体验区，鼓励幼儿用石磨将玉米粒碾成玉米糁和玉米面（图 2-31）。

图 2-28

图 2-29

图 2-30

图 2-31

3. 实践活动，倡导自然健康生活。

开发利用农村丰富的自然资源，以多元的实践活动引导幼儿在生活中成长，在实践中体验，利于幼儿生活经验的生成与积累。为满足幼儿种植的愿望，幼儿园设有单独的种植区，幼儿在此观察记录玉米生长的过程，收获别样的种植体验。教师组织幼儿参观面粉厂，了解玉米面的制作过程。通过家园共育，幼儿与家长一起用玉米面制作各种美食，培养幼儿健康的饮食习惯。融入自然与生活，在多元的实践活动中实现对农作物资源的充分开发与利用，使幼儿在亲身实践中增长知识与陶冶情操。

（二）小麦的开发利用

1. 创设自然氛围，营造生态环境。

利用农作物和生态环境资源，可以创设富有自然气息的教育环境，为幼儿提供一个自然成长的空间。因此，教师可以利用小麦这一农作物营造自然生态环境。可以在幼儿园种植区域种植小麦，让幼儿在亲身参与的过程中感受、体验种植的乐趣，收获成功感。此外，教师还可以引导幼儿观察小麦的生长过程，了解小麦的生长环境和生长需要，让幼儿了解植物的生长规律、变化。

2. 创意探索区，挖掘幼儿潜能。

在区域活动中，教师可以为幼儿提供农作物和生态环境元素，给予幼儿自主创作的空间，激发其创造潜力。可以利用小麦秸秆等材料进行艺术化的创意设计，装点幼儿园的环境，使其充满生机和趣味。例如，在美术活动中，幼儿可以观察小麦秸秆并进行剪纸创作，剪出各种形态的小麦秸秆图案，增添活动趣味。还可以用小麦的废弃物进行拼贴画创作，将小麦秸秆、麦穗等元素巧妙组合，形成丰富多彩的图案。在区域活动中，还可以利用小麦秸秆进行各种小制作，比如扎成灯笼、编织风铃进行悬挂，编织成鸟窝放在大树上面等。在这些活动中，幼儿可以充分发挥想象力和创造力，提升自主操作能力。教师应该注重在活动中引导和激发幼儿的创造力和思维能力，让幼儿在玩中学，在学中乐。

3. 户外活动，培养幼儿亲近自然的情感。

户外活动是幼儿园教育中不可或缺的一环。在幼儿园的户外活动中，教师可以利用小麦这一自然物资源，为幼儿创设一个丰富多彩的自然环境，引导幼儿开展各种探险活动。在探险活动中，幼儿可以观察、发现、探究，从而增长知识，培养对小麦的热爱和保护意识。

在户外活动中，幼儿可以参与小麦的收割、摘穗、打谷、磨面等过程，了解小麦的生产过程和用途，增强对小麦的认识和了解（图 2-32～图 2-34）。同时，也可以将小麦麸皮等废弃物利用起来，制作成小麦糠枕、小麦糠绳等，增添活动乐趣。

4. 生活实践，倡导绿色生态。

生活实践是幼儿园教育中的重要内容，也是

图 2-32

培养幼儿全面发展的必备环节。在生活实践中，教师可以利用自然物资源，倡导绿色生活方式，让幼儿从小学会珍惜资源，保护环境，实践可持续发展的理念。教师可以组织幼儿参观农田、面粉厂等地，了解小麦的种植和加工过程；通过家园共育鼓励幼儿与家长一起使用小麦制作美食，培养幼儿健康的饮食习惯；让幼儿了解食品的来源和制作过程，增强幼儿的生活技能和实践能力。在这些实践活动中，幼儿可以积累丰富的生活经验，培养自主生活的能力。

图 2 - 33　　　　　　　　　　　　　　图 2 - 34

　　同时，教师还可以通过手工制作等实践活动，让幼儿了解自然物资源的用途和价值。例如，可以引导幼儿使用自然材料制作手工艺品，如用小麦叶片制作拼贴画、用小麦秆制作花环等（图 2 - 35，图 2 - 36），这样可以培养幼儿的创造力和动手能力，同时让幼儿了解自然物资源的多样性和可塑性。

图 2 - 35　　　　　　　　　　　　　　图 2 - 36

　　《纲要》指出，城乡各类幼儿园教育应从实际出发，因地制宜地实施素质教育，为幼儿一生的发展打好基础。农村幼儿园有着丰富的农作物资源，是课程开发的有力支持。深入开发与利用各类农作物资源，激发幼儿对自然与生活的热爱，培养幼儿创新能力，引导幼儿动手动脑，助力幼儿全面发展。

第二节 社会文化资源

一、大集（泥工）

《纲要》指出，充分利用社会资源，引导幼儿实际感受祖国文化的丰富与优秀，感受家乡的变化和发展，激发幼儿爱家乡、爱祖国的情感。农村地区有着丰富的社会文化资源，可以将之应用到幼儿教育之中，增添幼儿教育的生活化特点与本土气息，激发幼儿的创造力与想象力，深挖本土文化资源，助力幼儿健康成长。

（一）融入泥工区活动，在创作中传承本土文化

赶大集是农村传统的民俗活动。有着五百年历史的大集，是家乡民间风俗文化与生活的集中呈现。教师组织幼儿参与"赶大集"的体验活动，熟悉大集上的人物与事物。有了基于生活的体验与感知，再与泥工室的活动结合起来，更添生活乐趣。幼儿在教师的带领下，完成和泥、摔泥的过程，尝试发挥想象力，用泥土去制作各种手工作品。幼儿回忆大集上的人和物，用泥土进行创作，将大集活灵活现地呈现出来。将"大集"主题的幼儿泥塑作品予以集中展示，形成了百年大集的缩影，激发起幼儿对民俗文化的兴趣，培养幼儿对家乡的热爱情感。

（二）组织跳蚤市场，在体验中弘扬传统民俗

"好看的故事书，便宜卖啦！""好玩的玩具降价啦！""精美的手工制作，快来看呀……"伴随着叫卖声、吆喝声，幼儿园的跳蚤市场拉开了序幕。农村的大集文化有着劳动人民生活的印记，是平凡烟火气的象征，也有着浓郁的生活气息，蕴含着丰富的教育资源。将农村的大集与幼儿园的主题活动相结合，开展模拟大集的主题活动，在增添活动趣味的同时，更有利于弘扬传统民俗文化。

在跳蚤市场中，幼儿将制作好的泥塑、儿童玩具、图书、手工艺品等作为交易的货品，以真实的货币进行交易。活动前，每名幼儿都准备了 10～20 元的零钱，带好钱就可以开心地赶大集了。每个家庭一个摊位，幼儿既是"商家"，又是"顾客"，一个年龄班幼儿作为"商家"时，另两个年龄班幼儿作为"顾客"，每隔半小时进行调换。在活动过程中，"商家"卖力吆喝，积极出售自己的商品；"顾客"在各个摊位上驻足，购买自己想要的各种商品，好不热闹。在"跳蚤市场"的主题活动中，农村的社会文化资源与幼儿园活动相结合，幼儿参与热情高涨，对本土文化的理解更深，也有了热爱民俗文化的意识。

二、长走大会（运动会）

我园所在的长沟镇地处北京西南，山水交融、人杰地灵，素有"京南水乡"的美誉。景色宜人的长沟镇，已连续15年承办春季北京国际长走大会。15年间，先后有数十万中外社会各界人士参与其中，体验这里山清水秀的自然风光。北京国际长走大会是传播中华文明、树立北京形象、倡导全民健身的一项群众性体育活动，长走不受年龄、性别、场地、器材、时间限制，有助于人们防治疾病、健身强体，被誉为新世纪最时尚、最简单、最有效的健身方式。"锻炼身体、热爱生活，磨炼意志、挑战自我，传播文明、增进友谊"成为长走理念。

我园积极响应习近平总书记提出的"全民健身"号召，根据孩子们的年龄特点和兴趣，鼓励孩子们积极参与到长走大会当中。

在长走大会前夕，孩子们和家长一起制订长走计划：选择路线、和同伴约定好时间地点、准备好需要的衣物和补给食品等。在长走过程中，鼓励幼儿遵守秩序、不拥挤，争做一名文明的小运动员。孩子们在路途中将产生的垃圾分类后扔进垃圾桶，潜移默化地增强了环保意识。长走过程中，孩子们和家长一起通过努力、坚持收获成功。长走可以培养孩子们不怕困难、坚持不懈等良好品质，同时提升自信心。

在幼儿园积极组织幼儿开展体育活动，不仅可以促进幼儿的生长发育，增强体质，还对幼儿的素质教育起着积极的作用。

每天清晨，迎着第一缕朝阳，小班老师们早早地在小院迎接孩子们的到来，接下来进行有趣的情境游戏"小兔子拔萝卜""小蚂蚁运粮""宝贝冲冲冲""老狼老狼几点了"等。孩子们化身为自己喜欢的小动物形象，积极地参与到活动当中。中大班的孩子们则来到宽阔的大操场进行晨跑活动，每天来园的孩子都能完成晨跑打卡活动。每个月集齐徽章的小朋友可以收获一张"运动小达人"奖状。孩子们在此过程中爱上了体育锻炼，收获了成功的喜悦。

在上午和下午的户外活动时间，老师们根据幼儿的年龄特点组织了适合幼儿的户外游戏。小班是丰富有趣的情境游戏，中大班是具有挑战性的体育竞技游戏，在充满乐趣的同时，满足不同水平幼儿的需求。每周三进行户外游戏大联动，孩子们可以打破年龄组的界限，自由选择喜欢的户外体育游戏。这样，孩子们可以尽情尝试自己没接触过的体育游戏项目，进一步增加对体育游戏的兴趣，习得热爱运动、勇往直前的品质。

我园历年的趣味运动会是孩子们特别期待的活动（图2-37，图2-38）。孩子们自己设计比赛内容、规划场地、准备材料等。通过比赛，孩子们会养成热爱运动、努力坚持、不怕困难、团队协作等良好品质。运动会以后，鼓励幼儿把自己的运动会经历自制成一本图书，放在图书区进行分享。同时，老师们还会关注孩子们的心情，分享成功的喜悦，并开展相关情感类活动，如 "我不怕失败"，正视自己的不良情绪，学会化解不良情绪。

在 "运动会" 主题系列活动中，教师都是以幼儿的兴趣为出发点，围绕幼儿的问题开展一系列活动。在活动中，幼儿解决问题的能力、合作意识、探究能力等得到了提升。整个过程是幼儿真参与、真发现、真体验的过程，也是幼儿积极主动学习与发展的过程。

图 2-37

图 2-38

三、地质博物馆

博物馆是征集、典藏、陈列和研究代表自然和人类文化遗产实物的场所，具有一定的文化价值和教育价值。博物馆流淌着历史的智慧，彰显着中华民族的传统文化，它能够帮助幼儿拓展知识经验，丰富对历史和人文的认识和了解，激发幼儿的学习兴趣，萌发爱国情怀等。每个地区都会有区域内独有的博物馆，如何挖掘博物馆的教育价值并充分地应用于幼儿教育中，是幼儿园需要深入思考和实践的。

长沟镇是中国房山世界地质公园核心区，这里有房山世界地质公园博物馆，是中国房山世界地质公园的标志性建筑。长沟镇中心幼儿园紧邻地质博物馆，优质的社会资源为幼儿园教育教学活动的开展提供了有力的支持。幼儿园系统展开对地质博物馆的了解和资源分析，将资源与幼儿的学习建立联系，有效对接，开展丰富的课程活动。

（一）教师心中有数，了解资源有什么

园所充分利用工会活动，组织教师到地质博物馆进行参观。教师通过参观及倾听讲解，充分熟悉地质博物馆的资源。只有教师心中有数，才能将资源充分利用于教育教学工作中，开展丰富的课程活动（图 2-39，图 2-40）。

图 2 - 39

图 2 - 40

（二）对接发展目标，分析资源的价值

教师熟悉了博物馆资源，还要充分对接《纲要》《指南》目标，分析资源的价值，对接目标，开展适宜的活动，发挥资源的最大价值。如从科学领域思考，可以引发幼儿对矿物质、石头等资源的探究活动，通过寻找石头、了解石头、探究石头的种类、数量等活动，支持幼儿亲近自然，喜欢操作摆弄，获得探究精神（图 2 - 41）。从社会领域思考，可以充分利用讲解员的媒介，引发幼儿在开展的活动中担任小小讲解员，促进幼儿语言表达能力及社会交往能力的发展。从艺术领域入手，引发幼儿关注博

图 2 - 41

物馆的陈列，支持幼儿感受美、欣赏美，从而表达创造美。

（三）展开实践活动，资源最大化利用

直观感受、亲身体验是最直接的学习方式，组织幼儿开展实践活动，亲身到地质博物馆进行参观，引发幼儿更多的学习兴趣。开展参观博物馆活动，可以让幼儿了解和认识自己家乡的文化和历史。

在参观前，可以组织幼儿进行调查统计，如想了解什么内容，制订了解计划和参观规则，做参观前的准备等。前期的参观准备活动能够提升幼儿按计划做事情的能力，做好前书写准备。

在参观中，通过参观学习，引发幼儿对地质资源的兴趣，引导幼儿用符号简单记录自己感兴趣的内容，鼓励幼儿针对自己感兴趣或者有疑问的地方向讲解员进行询问并记录。教师在这个过程中要有意识地记录幼儿的兴趣点，并在回园后给予兴趣的支持和延伸（图 2 - 42，图 2 - 43）。当然，活动后的收拾整理及对场馆人员的感谢也是一项重要的教育内容。

图 2 - 42

图 2 - 43

在参观后，教师可以组织幼儿进行谈话活动，说一说自己的收获和感受，还要收集记录幼儿的兴趣点，并给予后续的支持。

总体而言，农村幼儿园有着丰富的人文资源，彰显出地域文化特色，教师要深挖本土社会文化资源，将之融入幼儿园教育体系之中，在带给幼儿乐趣的同时，起到文化浸润的效果。

第三节　园所场地资源

一、自然体验区

《纲要》指出，幼儿园要因地制宜，从本园的实际出发，充分利用自身的条件和现有资源，依据教育目标为幼儿提供充足的玩具与游戏材料。幼儿园应着眼园所实际，就地取材，合理利用园所场地为幼儿创设适宜的活动空间和游戏场所。基于合理利用园所场地，创设丰富多样的具有挑战性的教育环境，促进幼儿主动地、有个性地学习与探究，营造生活化、自然化、游戏化课程游戏区域的理念，我们创设自然体验游戏区域，支持幼儿进行多元探索、全面发展。

我园教学楼由小学教室改造，班级空间不足，区域创设受到了一定的限制，区域空间狭小、材料不够充足、游戏内容不够丰富成为班级区域游戏的现实问题。恰巧，我园教学楼因抗震加固改造，原教学楼前方新建了一个阳光房，起初阳光房只作为雨雪天气幼儿进行体育锻炼的场所，利用率并不高。于是，基于班级区域现状，教研组共同研讨将阳光房进行改造，合理运用阳光房和园所空间，创设多元化的游戏区域，支持幼儿在丰富的区域游戏中获得自主发展。我们基于"与幼儿的生活息息相关的、幼儿喜欢的、可操作的、自然真实的、如家如画的"创设思考，对接幼儿的游戏兴趣，从大自然、幼儿生活中汲取灵感，充分挖掘长沟地域的资源，聚焦于创设自然的、生态的、幼儿喜欢的、优美的、有趣的、可操作的课程游戏环境，让幼儿在游戏中自然成长，在探究中多元绽放，获得有益的发展。

挖掘地域资源优势，创设处处有教育的课程游戏环境。功能游戏区的创设增加了幼儿可游戏的场所，它们能给幼儿带来乐趣，带来想象，带来专注，带来挑战，带来经验，带来成长。孩子们变得更加积极主动、生动活泼，呈现出独立、创造的游戏精神，身心得到了全面、健康的发展。

功能游戏区分为自然体验区、艺术功能室。

（一）自然体验区

自然体验区充分结合了地域资源，创设了实验乐园、种植角、节气馆、写生角、生活操作区、阅读区、拼摆区、宝贝屋。

1. 实验乐园。

幼儿园种植了很多花草，在实验乐园，孩子们能够去探究发现各种与植物相关的有意思的小实验：探究用凤仙花花籽制作美白粉；利用有香味、异味的植物制作驱蚊水；利用有香味的植物制作香包；探究叶子的保鲜方法、花肥制作；凤仙花天然美甲液等小实验（图2-44，图2-45）。

图2-44   图2-45

但是，随着季节的更迭，老师们发现天气渐冷，孩子们与植物的互动受到了限制，于是开始思考：怎样支持幼儿在不同的季节进行自发游戏呢？正在老师们陷入思考的时候，我们发现孩子们开始摆弄前期晾晒的各种植物，他们交谈起来："这个是金银花，我妈妈拿它来泡水喝，能治嗓子。""这个山楂也可以泡水喝，去火的。"于是老师抓住契机，引导孩子们开始花果茶坊的游戏活动（图2-46，图2-47）。这不仅解决了冬季植物比较稀缺、缺少游戏内容的问题，而且使孩子们获得了很多生活经验、健康常识。

图 2 - 46

图 2 - 47

2. 种植园地。

种植园地弥补了班级自然角场地有限、植物种类不足的缺陷，在这里，孩子们可以种他们想种的植物，随意剪取花卉的枝、茎、叶等进行种植、观察、养护等，进行各种有意思的种植小实验（图 2 - 48，图 2 - 49）。小班的小朋友可以认识不同的植物，进行点数活动；中班的小朋友可以尝试进行各种对比实验；大班的小朋友可以尝试进行植物的统计与分类。在种植活动中，孩子们不仅掌握了劳动技能，满足了好奇心和探究欲，而且能加强数学领域的学习。

图 2 - 48

图 2 - 49

3. 节气馆。

二十四节气是中华优秀传统文化。我们把节气搬进节气馆，让节气成为课程，以最生动的方式将节气的概念传递给孩子。孩子们了解节气的文化、习俗，感受节气与自然、与生活的关系，感受中华优秀传统文化的精髓（图 2 - 50）。

4. 创意画吧。

这里提供了各种各样的花卉，有的花外形独具特色，有的花色彩艳丽，有的花造型别致。孩子们可以写生各种自己感兴趣的花、农作物等，还可以进行创意手工，用艺术的形式表达自己观察到的事物（图2-51）。

图2-50

图2-51

5. 拼摆搭建区。

这里提供了各种废旧的瓶瓶罐罐、乡土材料、自然物（松塔、玉米轴、树叶、树枝）等，能够支持幼儿进行搭建拼摆活动，如搭建我的幼儿园、高楼大厦、军事基地等（图2-52，图2-53）。在拼拼摆摆的过程中，幼儿的想象力、创造力得到了发展。

图2-52

图2-53

6. 体验区。

这里有很多和生活有关的体验活动。到了不同的收获季节，孩子们会进行不同的体验游戏活动。如到了收获玉米的季节，孩子们体验收玉米、剥玉米、手摇玉米脱粒机，尝试制作爆米花、磨玉米面等；到了收获麦子的季节，孩子们体验收小麦、磨面粉、制作面点、玩麦秆游戏等。

7. 石头屋。

这里有各种各样的石头，孩子们在这里与石头进行着各种互动。如利用石头进行自主拼搭、创意石头棋、石头走迷宫、石头大想象等（图2-54，图2-55）。孩子们还通过参观长沟地质博物馆带回来很多不同品种的石头，生成了迷你版石头博物馆。

图2-54　　　　　　　　　　　　图2-55

8. 阅读区。

良好的阅读环境、丰富的阅读书目支持幼儿在此进行自主阅读活动，促进幼儿语言的学习与发展。这里还提供了操作材料，支持幼儿将自己的生活记录下来，制作成小书进行展示，满足不同幼儿的需求（图2-56）。

图2-56

（二）艺术功能室

艺术是幼儿表现生活、表现情感的重要载体，在"育美"课程的实践过程中,创设了多元、适宜、舒适的功能活动教室,支持幼儿进行多元的艺术表达。

1. 美术教室。

春生、夏长、秋收、冬藏。根据幼儿的年龄特点和学习方式,选择贴近幼儿生活的课程内容,将自然资源巧妙地渗透到课程当中。在美术教室里,孩子们通过他们的创作,表现着春天的生机勃勃,夏季的虫鸣鸟叫,秋季的硕果累累,冬季的白雪皑皑(图2-57,图2-58),在艺术氛围中获得了良好的艺术体验。

图2-57　　　　　　　　　　　　　图2-58

2. 泥工、木工教室。

黄土泥、木枝、木桩、石头、松塔等自然资源被巧妙地投放于功能教室,渗透了健康绿色的生活理念,树立与自然和谐共处的相处模式。泥工、木工活动支持幼儿探究自然材料,在操作摆弄中碰撞思维,在塑形粘贴中获得艺术感知(图2-59,图2-60)。拉坯机、木工切割机丰富了幼儿的活动内容,使幼儿获得更多的体验。

图2-59　　　　　　　　　　　　　图2-60

3. 表演教室。

唱歌、跳舞、舞台剧……孩子们在浓厚的艺术氛围中进行艺术表演（图2-61）。

图 2-61

幼儿园的多元游戏区域从无到有，经历了漫长的时间；从有到精，也经历了反复的研究和调整。阳光房从一个类似于"施工现场"的区域演变成了一个百花齐放的乐园，成为孩子们最喜欢的游戏区域。我们坚信课程就在儿童的生活中，就在儿童的行动中，就在儿童的游戏中。

二、生态园

我们结合"育美"课程，打造了一个基于儿童幼儿视角的、融合不同幼儿需求的生态园。在生态园里，孩子们体验着春种、夏长、秋收、冬藏的过程，切实感受着世间万物的美好，同时在生态园里进行着多姿多彩的活动。

春天，大地回暖，万物复苏，生态园里充满生机。最先向我们问好的是玉兰花，孩子们被幼儿园里朵朵娇艳的玉兰花所吸引。为了把春天的美景留下，孩子们通过观察、欣赏、对比不同颜色的玉兰花的特征，拿起手中的画笔在玉兰树下进行写生活动（图2-62）。户外写生活动不仅让幼儿感受到春天的美好，也培养了幼儿的艺术表达能力，激发了幼儿的创造能力。

在生态园里与玉兰花比赛的还有紫叶李、连翘、迎春花、丁香花……他们像赛跑一样，争先恐后地盛开着。每天早上孩子们来园，都会走到树下，捡一些不同种类的花瓣，边捡边探索，如每朵花有几瓣花瓣，都有什么颜色的花瓣，有没有香味。孩子们还会根据自己捡到的花瓣的特征进行游戏，有的把花瓣晒干后做成香包，有的在美工区进行天马行空的想象创作……春天的生态园活动为幼儿提供了认识自然的机会，提升了幼儿的观察能力和思维能力等。

春种一粒粟，生态园里有小菜园，孩子们化身为绿色小使者，亲手种下上一年秋天收获的种子。看！我们种下的大蒜已经长出了长长的苗，绿油油的菠菜已经长大（图2-63）……在小菜园里面，孩子们充满好奇和期待，孩子们从中感受到种植的快乐，也萌发了爱护植物、珍惜粮食的情感。

图2-62

图2-63

夏天，万物生长，玉兰花的花瓣已经掉落，长出了绿绿的叶子，花坛里的金银花长出了新鲜的枝芽，紫藤花已经悄悄爬上了花架，鸢尾花不知不觉开了花……我们与孩子们一起在观察区用照片、绘画的方式记录着它们的生长变化。当花期过去，可以看一看观察区的记录，好像一切美好的瞬间都停留在那一刻。

生态园里还有法桐、五角枫、银杏树、合欢、柳树等有着自己特征的大树。夏天我们在大树下乘凉，孩子们用自己的方法观察树叶的特征，发现树之"果"的秘密，用绘画的方式绘制大树的树牌。孩子们也针对"幼儿园有多少树""树还有什么秘密"等问题进行了探索，并且运用统计图、记录表等方式寻找答案。在解决真问题的过程中，幼儿获得发现问题、解决问题的方法与能力。

秋天的生态园硕果累累，孩子们体验采摘的快乐。当葡萄架上的葡萄变紫的时候，孩子们就想好采摘的办法，摞好高高的轮胎，分工合作：摘葡萄、扶轮胎、拿小筐……看到筐里大大的、紫紫的葡萄时，孩子们露出了甜美的微笑。我们将品尝完的葡萄皮留下，研磨出汁进行扎染，孩子们对科学探究更加感兴趣。

草莓成熟后，总是会出现半个半个的现象。经过孩子们的细心观察，发现原来是小鸟偷吃了草莓，于是孩子们想办法解决这个问题。他们选择用稻草人的方法，既不伤害小鸟又可以保护草莓。在解救草莓的活动中，生态园给孩子们提供了一个与同伴交往的机会，让幼儿可以在发现问题、探索问题的过程中与其他幼儿进行交流讨论，共同找出解决问题的方法。

冬天，我们将收获的红薯、大蒜、白菜等进行储藏。想到冬天小鸭子要过冬，开展了"小鸭子温暖过冬天"的活动，为小鸭子盖新家。在围绕冬藏的一系列探秘活动中，孩子们始终保持着一颗好奇心，尝试提出问题与寻求答案，他们的探究能力得到逐步发展。

幼儿园重视自然资源，为幼儿提供充足的感知空间和机会，自然的生态园让幼儿更加自主地与环境互动，使幼儿成为真正的参与者、创造者，从而激发了幼儿的想象力、语言表达能力及艺术创造力。在这美丽有意义的生态园里，孩子们留下了童年的美好与想象。

三、种植区

我园虽处于农村乡镇，但是随着社会经济发展，大部分家庭都已经不再种地。幼儿在生活中缺少对粮食和植物种植方法的观察和了解。为了让孩子们主动探知植物生长的秘密，并通过自己动手种植，体验大自然无穷的奥秘，同时增添孩子们对自然环境的探索兴趣。我们在幼儿园开辟出一片小菜地，在班级中设立自然角，给予幼儿场地和材料的支持。

幼儿园会根据季节和节气种植植物。春天，教师根据幼儿的兴趣，在班级中培育植物苗。幼儿调查种植和照顾植物的方法，每天在小值日生工作时间和过渡环节照顾、观察种子并进行记录，在此过程中生成很多的课程故事，如"甜甜的小麦""红薯的秘密"等。

幼儿不但在小菜园里种植，只要有土的地方都会种植，并借助废旧材料，如轮胎、瓶子等，满足种植需求。

四、养殖区

幼儿园的养殖区是幼儿观察、学习、探索自然的重要途径之一，是幼儿园一道美丽的风景线。幼儿会在这里欣赏、观察、了解动物的生长特点。开展养殖区活动，能让幼儿认识到各种生物之间应该和谐相处，培养幼儿的爱心、责任心，提升细致观察能力、科学探究能力。

(一) 活动场地

著名教育学家陈鹤琴先生指出：怎样的环境，就得到怎样的刺激，得到怎样的印象。要想创设真实的养殖区，幼儿园可以适当留出一片土地，那里可能杂草丛生，可能遍地野菜，可能阴暗潮湿，可能铺满枯枝落叶，无论哪种样貌，都可以为饲养活动创造更为原生态的环境。原生态的自然环境才是大自然原本的样子，幼儿在这样的环境下更容易放松，更容易真正了解小动物们最真实的生活状态。

生物多样性的保护与生态平衡是环境与生态教育的核心内容之一。理想的生态式环境应是一个有机的整体，各个生态要素自然而然地存在其中。在养殖区环境创设中，应该注重对原有生态环境的保护，不过度装饰，也不过度改变自然景观。要根据幼儿园实际场地情况规划好养殖区与活动区之间的关系，确保幼儿在养殖区内活动安全、有序。

（二）活动准备

合理选择养殖区内容是顺利开展饲养活动的前提。首先要和幼儿一起制订饲养活动计划，选出适合饲养的小动物，并根据幼儿的年龄特点合理安排饲养活动。小班幼儿对小动物充满好奇，但他们还很难关注到动物的细微变化，我们就和他们饲养在生长过程中外形变化不大或模样可爱的小动物，如兔、猫、狗、金鱼、乌龟等。中班幼儿已经有了一定的饲养经验，我们就和他们饲养容易照料的动物，如鸡、鸭、鹅、鸽子等。大班幼儿动作已比较协调，观察能力也较强，且具有较强的责任心，我们就和他们饲养生长过程较复杂或变化较大的动物。我们饲养的动物一般分为相对固定和经常变换两种，相对固定的有家禽、家畜、鱼、龟等，经常变换的动物是根据春、夏、秋三个季节特征来选择的，如春季养蚕、小鸡、小鸭、鹅等，夏季养蜗牛、金鱼、小乌龟等，秋季养昆虫、螃蟹等，或是根据幼儿兴趣来选择。选好想饲养的小动物后，要根据小动物的生活习性去搭建小动物的家，准备大小适宜的小碗，给小动物梳理毛发用的小梳子，幼儿观察小动物用的放大镜、尺子、记录纸等，以便幼儿照顾和随时观察小动物。

（三）活动开展

制订小动物饲养制度，保证饲养顺利进行。我们根据动物的生活习性，制订了各个养殖区的饲养制度，内容包括对饲养环境的要求、食物的准备、每天喂食的次数和数量、观察的时间和周期、养殖区的打扫等。小班的饲养制度一般由教师引导制订，中大班的饲养制度一般由教师与幼儿商议制订。我们还会将平时在饲养活动中获得的经验补充到饲养制度里去。例如，幼儿发现兔子吃饱了还会经常咬纸盒、啃笼子，通过仔细观察和查资料，他们知道这是因为兔子的门牙每天都在长，它必须把门牙磨短，才能正常地吃东西。为此，我们就在有关兔子的饲养制度里加上了"要经常投放一些小木头供小兔子咬"。教师和幼儿用图文结合的方法把饲养制度展示出来，以便大家随时了解。

在饲养小动物的过程中，幼儿遇到和解决的每个问题都能让幼儿更好地观察、认识、了解动物，丰富幼儿的知识，培养幼儿各方面的能力。幼儿在观察、探究的过程中了解了动物的外形特征、生活习性和生长过程，对动物的认识也更加系统了。

结合幼儿园的实际情况和有利条件，将养殖区的创设与幼儿的生活和教育紧密地联系在一起。幼儿在照料动物的过程中能主动、自愿地观察、合作、分享，体验到劳动的乐趣，萌发热爱小动物、热爱大自然的情感。通过接触，幼儿能够真切地感受到动物的变化，感受生命的存在，感受到自己的行为与动物之间的关系，从而了解生命，珍惜生命。

五、小水池

虞永平教授说："对幼儿来说，学习是什么？就是行动，就是有事可做，做对他自己有意义的事。"课程资源不是教具，而是幼儿的伙伴，是幼儿互动的对象。课程是一系列源源不断、引人入胜的活动。

小水池是孩子们非常喜欢游戏的地方，为了满足孩子们的好奇心和求知欲，我们可以将小水池的开发与利用分为以下几个方面。

（一）季节性活动

在小水池户外活动区域，结合季节特点开展活动。如夏季与水做游戏。玩儿水是孩子的天性，他们喜欢在水中嬉戏玩耍，可以为他们提供水枪、雨鞋、雨衣等，让他们尽情地体验、游戏（图 2-64）。又如，在水池中放养小鱼，孩子们摸小鱼、捞小鱼，从游戏中感知数学，如给小鱼分类、数一数有多少大小不一的鱼。再如，利用不同方法折叠、制作小船，在水中探索船的浮力（图2-65）。

图 2-64

图 2-65

（二）自然探险活动

教师可以利用小水池为幼儿提供一个丰富多彩的自然环境，引导幼儿开展各种探险活动。在具有挑战性的活动中，幼儿可以观察、发现、探究，从而增长知识，培养对自然的热爱和保护意识。

（三）培养生态环境保护意识

小水池里面生活着各种水生动植物。在户外活动中，教师可以带领幼儿探

索有关小水池的多种游戏。同时，引导幼儿保护小水池的生态环境，不乱扔垃圾，不在水中乱捕捞，保护水中的生物，让小水池的生态环境更加健康和美丽。这有助于培养幼儿的环保意识和责任感，让他们在游戏中自然而然地学会尊重和关爱自然。

（四）科学实验与观察

教师可以设计一些简单的科学实验和观察活动，让孩子们在小水池中进行。例如，观察水中的小鱼，了解水生植物的生长环境，探索水的循环等。这些活动可以让幼儿在游戏中培养科学精神，提高观察力和动手能力。

（五）艺术与创意表达

教师可以利用小水池引导孩子们进行各种艺术与创意表达活动，如水彩画、水中剪纸、水上舞蹈等。这些活动有助于培养幼儿的审美情趣和创造力，同时让他们在玩中发现自己的兴趣和特长。

通过以上几个方面的开发与利用，幼儿园的小水池将成为一个充满乐趣和教育意义的活动场所。参与这些活动可以培养孩子们对自然的兴趣和热爱，增强孩子们对自然的认识和了解，同时可以锻炼身体，实现身心健康发展。

六、小鱼池

（一）小鱼池的由来

乡镇幼儿园的区域活动为幼儿提供了更多的操作、体验和自主活动的空间资源。幼儿园结合本乡本土的实际情况，开展具有本土特色的区域活动。我园利用已有资源，如丰富的石头、水、空旷的场地，从主题创设、材料投放、跟进指导等多方面努力，成功创建了深受幼儿们喜欢的小鱼池，为他们提供了更丰富的活动（图2-66）。

（二）有关小鱼池的系列活动

幼儿园东侧创建了用石头堆砌的小鱼池，一边紧挨着栅栏，另一边挨着大爬网，中间由一个拱形的月亮桥相连。在鱼池中央，设置了水动力的水车，让孩子们感受水的强大作用。里面有一些观赏鱼，幼儿非常喜欢来此游玩。那么，我们能不能在这儿创设一个特色区角呢？老师和孩子们商讨后，就果断地在这里挂上区角规则、进区卡，准备了小塑料桶、吸铁石钓鱼竿，往鱼池里投放了许多磁铁鱼，特色区角"小鱼池"就这样创建成功了。小班幼儿来到小鱼池区角后，都争抢着去钓鱼。而中大班的幼儿可以制作渔具。让幼儿亲自参与玩具的制作，不但可以感受制作的辛劳，还可以享受成功的喜悦，从而发展幼儿的观察力与创造力。

幼儿在此享受着区角活动的快乐，而我们也从中获得了关于区角创设的许多启示。一是区域活动内容应生活化，不仅源自幼儿的生活经验，还可以选自

图 2-66

成人世界中幼儿未知的经验。幼儿模仿和探索的天性使他们对这样的活动有无限的热情。二是区域活动的规则可以根据活动的发展进行调整。三是区域活动材料应该是安全的、可操作的。材料投入要符合幼儿的身心发展特点，过易或过难都不能调动幼儿的兴趣。四是幼儿自主收集和参与制作的活动材料更能激发幼儿的兴趣，引起他们的共鸣。五是活动材料具有跟进性。适时更新材料和提高活动要求，搭建适合幼儿"最近发展区"需求的支架。把握教学的最佳期，适时、适当、适量地为幼儿提供有效的"支架"，给予幼儿支持与帮助，从而促进幼儿主动建构经验，有效学习。

七、涂鸦墙

对于幼儿园的孩子来说，涂鸦是他们对绘画产生兴趣的开始，是一种游戏，是一种获得快乐的方法，是一种形象的语言，能够表达出他们内心的想法和心情。

幼儿园专门为孩子们设计了涂鸦区，那里有五块涂鸦墙，充足的空间可以让孩子们不受约束地尽情涂鸦。涂鸦区有较为丰富的创作工具，如水粉笔、板刷、罩衣、颜料、拓印工具、调色盘、蘑菇棒、涮笔筒等。除此之外，还投放了粉笔，幼儿除了可以在墙上涂鸦，也可以在地面上自由地创作。

春暖花开之际，老师会带孩子们在幼儿园"寻找春天"，一起观察幼儿园里的花草、大树、小昆虫等，这些都成了孩子们在涂鸦墙上创作的素材。户外的涂鸦墙更方便让孩子们与大自然接触，可以用手里的画笔把自己看到的内容画出来和同伴进行交流分享（图 2-67）。经过孩子们对作品的解读后，我们发现，孩子的作品变得更加生动、有趣。每一个孩子的涂鸦作品，都像艺术大师创作的瑰宝，值得让人反复欣赏。

图 2－67

小班幼儿刚入园时，会出现分离焦虑的情绪，为了使幼儿有更好的途径抒发自己的情绪，我们充分利用了涂鸦墙的功能。在涂鸦墙上，画出各种造型的动物，幼儿可以在涂鸦墙上尽情地为动物涂色或者自由创作。孩子们逐渐被这种新奇的画画形式所吸引，有效地转移了他们的注意力，使负面情绪得到缓解。

给孩子一面涂鸦墙，可以让他们无拘无束地表达自己内心的想法，激发绘画潜力。通过解读孩子作品背后的意义，建立老师与孩子心与心的交流，促使孩子们在涂鸦的过程中获得艺术、动作、认知、社会交往、情感等方面的发展。

八、音乐区

老师们平时组织的音乐活动以歌唱、律动活动为主，但是，音乐的教育价值以及幼儿可以具备的音乐能力有很多。单纯的歌唱、律动活动是满足不了幼儿对音乐的好奇、喜爱和探索的，更无法达到幼儿感受与欣赏、表现与创造的目标，因此需要教师在日常活动中开展丰富多彩的音乐活动，充分利用园所空间，为幼儿提供更多接触音乐的条件与机会。

幼儿具有好动、好奇的特点，他们对于生活中的各种物品都充满了好奇。于是为了满足幼儿对声音的探索，我们充分利用幼儿经常接触的锅、碗、盆、勺等便于搜集的物品，创设了户外音乐区。

音乐区让幼儿在敲敲打打中认识了各种物品以及不同材质（金属、木质、塑料）、不同形状物品的音色特点。通过教师有意识地引导、幼儿亲自体验，幼儿能根据自己对各种音色的理解进行想象、表现与创造，认识到原来生活中的很多东西都蕴藏着特别神奇的声音，增强了对音乐学习的兴趣。幼儿还会搜集生活中可以模仿动物、刮风、打雷、脚步等声音的物品放在音乐区，为音乐剧配音。

随着音乐区活动的经验积累，幼儿在班级区域活动和教育活动中也呈现了对打击乐的兴趣。如在音乐活动"大雨小雨"的组织过程中，幼儿自选打击乐器，不断尝试，在选择与尝试的过程中，提高了对音乐感知与表现的能力。在开展"木瓜恰恰恰"的打击乐活动中，幼儿搜集了生活中的筷子、小碗、瓶子等适合打击乐活动的物品，在敲敲打打中，感受着节奏的变化，在合奏中体会音乐带来的美与享受（图2-68，图2-69）。

图2-68   图2-69

同时，我们还收集了一些生活中的声音，如下雨、刮风、海浪的声音，生活中的钟表、警笛、切菜、敲打键盘的声音等。那收集这些声音干什么呢？《纲要》中提出，支持、鼓励幼儿对生活中的各种声音感兴趣，尝试探索身体、自然界等发出的声响，初步感知对比鲜明的声音强弱、高低和快慢，并从中获得美的感受。《指南》中提到，小班幼儿容易被自然界中的鸟鸣、风声、雨声等好听的声音所吸引；中班幼儿喜欢倾听各种好听的声音，感知声音的高低、长短、强弱等变化；大班幼儿乐于模仿自然界和生活环境中有特点的声音，并产生相应的联想。有了这些理论支撑，老师们就要深入地去探讨"自然界和日常生活中都有哪些声音可以帮助幼儿提高音乐能力""可以抓住生活中的哪些音乐元素或有价值的教育内容对幼儿进行音乐教育"等问题。如钟表哒、哒、哒的声音可以让幼儿感知稳定拍，海浪的声音可以感知强和弱，风声和雷声的对比可以感知声音的长短，切菜声可以用来进行节奏练习……这些声音不仅让孩子们感知了声音的长短、高低、强弱等，而且激发了幼儿对周围声音的喜爱，学会用欣赏的眼光去感受和关注周围的世界。

音乐素养的形成在于音乐环境的熏陶。这就需要教师为幼儿提供充分的条件与平台，让他们在音乐的世界里陶冶情操，增强对音乐的感知、理解和表现。只有音乐世界与生活世界有效结合，才能够真正赋予音乐教育生活的意义和生命的价值。

九、沙区

玩沙，是孩子们最喜欢的活动。园所户外空间比较大，因此，创建了专门供孩子们玩沙的区域。沙区是孩子们最喜欢的区域之一，尤其到了炎热的夏季，孩子们光着脚丫，踩在柔软的沙子上，享受着童年的乐趣。在这里，孩子们开展了许多有趣的活动。

1. 寻宝记。

孩子们准备了各种各样的玩具材料，贝壳、海螺、小汽车、小陀螺、捏捏乐、小戒指等。他们将这些宝贝藏进沙子里，然后开始挖宝，用手、小木棍、小铲子……总之，为了能够挖到宝贝，孩子们想尽了办法（图2-70，图2-71）。"我挖到了""我也挖到了"……孩子们高举着胜利的"果实"，大声地喊道。

图2-70   图2-71

2. 拼图大赛。

这个游戏和寻宝记很像，深受大班孩子的喜爱。他们先将拼图块藏进沙子里，然后分组进行比赛，先找齐拼图并且完整拼好就为赢。

3. 山洞。

孩子们喜欢用沙子把自己的手或脚盖住，然后轻轻地撤出来，就这样，一个小小的山洞就出现了。"哇，太神奇了，我也要做一个山洞。"越来越多的孩子加入"做山洞"的活动中。大家开动脑筋，找来辅材，有小树枝、纸箱子、小碗、吸管等。"我见过的山洞能过汽车。"于是孩子们从班里找来玩具汽车，看看谁的山洞能通过汽车。

4. 围坝。

孩子们用小水桶打来满满一桶水，倒进沙坑里，瞬间水就充满了沙坑，眼看水往外溢出，孩子们顺势挖出了一条长长的水渠，像小河一样。有的孩子接着向四周延伸出水渠，有的孩子则用沙子进行围挡，不一会儿，沟渠就形成了（图 2 - 72）。

图 2 - 72

◎ 第三章

实践成果篇

陈鹤琴先生在"活教育"理论中指出，大自然、大社会都是活教材，要让儿童在与自然和社会的直接接触中，在亲身观察中获取经验和知识。幼儿园在对大自然、大社会中的教育资源进行开发和利用的过程中，是园本课程不断完善、深化的过程，是对教育理念不断认识、吸收的过程，也是每一位教育者不断实践体验的过程。

在与资源的充分互动中，会有教师教育思想的碰撞、教育观念的转变；会有幼儿的一千种体验、一千种表达；会有园所对课程建构的深思、对课程实施的引航。随着这些实践和转变，我们的课程更符合孩子的成长需求，我们的教师也逐渐能够看见儿童快乐的样子，发现儿童的自主行为。在课程实施的过程中，老师们关注资源并巧妙地利用资源，使资源在多元的主题活动、生动的课程故事、灵动的幼儿绘本、融合的集体教育活动、用心梳理的教育经验中生根发芽、开花结果。

第一节　在多元的实践体验中发展
——主题活动

主题活动是课程实施的重要载体。让儿童在丰富多元的主题活动中获得发展，是课程建构的方向。资源在主题活动实施中，就好像一枚闪闪发光的宝石，等待着小朋友们去发现、去探索。越是贴近生活的、幼儿熟悉的、感性的资源，越具有教育价值。于是，孩子们和这枚"宝石"亲密接触、碰撞火花、共同成长。

 小班主题活动：可爱的小兔子

一、主题来源

幼儿园迎来了3只可爱的小兔子。孩子们对小兔子爱不释手，经常去观察小兔子，还会对小兔子提出各种问题："小兔子，你爱吃什么呀？""小兔子，你的眼睛为什么不是红色的呀？""小兔子，你为什么总是跳？"等等。《纲要》科学领域目标中指出，要支持幼儿爱护动植物，关心周围环境，亲近大自然。看着孩子们对小兔子的喜爱，听着孩子们对小兔子的"一百个"问题，我们就此开展了一系列有关小兔子的活动。

二、主题目标

1. 运用多种感官认识小兔子，了解小兔子的基本特征及生活习性。

2. 掌握一些照顾小兔子的方法，知道小兔子爱吃的食物，愿意参与饲养小兔子的活动。

3. 愿意观察小兔子，愿意说说自己和小兔子的故事。

4. 喜欢欣赏有关小兔子的儿歌、歌曲、舞蹈等，乐于学唱，利用动作、表情、声音、姿态等进行表达、表现与创作。

5. 喜欢参与美工活动，能够用多种方式进行艺术表现。

6. 养成不挑食、不偏食的饮食习惯。

三、主要活动

（一）和小兔子的初相见（观察活动）

活动目标：

1. 了解小兔子的外形特征，知道兔子身体的不同组成部分。

2. 能对小兔子进行观察、比较，有初步的探究能力。

活动实录：

班里来了个新朋友——可爱的小兔子。户外活动时，小朋友们会跑去看小兔子，并说一说自己的发现（图 3-1）。

图 3-1

茬苒："小兔子白白的好可爱呀，真想摸摸它。"

姗姗："白白的是小兔子的毛毛，它身上的毛毛真多呀。"

朵朵："小兔子的耳朵真长呀，一动一动的，真可爱。"

贝贝："小兔子的尾巴好短呀，像一个毛绒球。"

在户外活动中，孩子们细致地观察了小兔子的外形特征，通过用手触摸小兔子的身体，感知到小兔子的毛是软软的、多多的。

（二）漂亮的小兔子（教育活动）

活动目标：

1. 喜欢小兔子，在看看、摸摸、说说的过程中认识小兔子。

2. 了解小兔子的基本外形特征。

活动准备：

绘画材料每人一份、轻音乐。

活动过程：

1. 活动导入：回忆小兔子的外形特征。

（1）教师和幼儿共同回忆观察小兔子时的情景。

教师："我们昨天在户外活动时观察了小兔子，能说说你有什么发现吗？"

孩子们积极地表达自己的发现。萌萌："小兔子走路的时候是蹦蹦跳跳的。"珊珊："小兔子有长长的耳朵。"玲玲："小兔子的后腿比前腿长。不信你看，小兔子跳的时候就是用后腿使劲儿的。"航航："小兔子的嘴巴是小小的。"

（2）巩固幼儿对小兔子外形特征的印象。

教师："你们观察得真仔细。昨天观察小兔子的时候，有没有发生什么有趣的事？"

玲玲："我昨天摸小兔子的时候，它的耳朵一动一动的。"扬扬："小兔子身上的毛可软了。"

2. 幼儿创作小兔子。

（1）教师："小朋友们将自己理解的小兔子用绘画的形式表现出来。"

（2）提示：正确使用美术工具，做到随用随取。

幼儿表现：在活动的过程中，幼儿认真专注地绘画自己眼中的小兔子，将自己观察到的小兔子用绘画的形式清晰地表现出来（图3-2，图3-3）。

3. 幼儿分享自己的作品。

教师引导幼儿清晰、连贯地讲述自己观察小兔子时的情景。

幼儿表现：幼儿积极踊跃地分享自己观察到的小兔子，并大胆地将自己绘画的小兔子分享给同伴。

图 3-2   图 3-3

活动延伸：

将幼儿绘画的小兔子作品做成图书《我和小兔子的故事》后，投放在图书区供幼儿翻阅。

（三）小兔子爱吃什么？（综合活动）

活动目标：

1. 尝试饲养和照顾小兔子，了解小兔子爱吃的食物。

2. 喜欢照顾小兔子，对小兔子感兴趣。

活动实录：

小朋友们对班里来的新朋友很感兴趣，在观察讨论的过程中对小兔子爱吃什么这一话题讨论不休。

康康："小兔子爱吃萝卜和青菜，儿歌里就是这样唱的。"

诺诺："小白兔也吃大白菜，我奶奶就把大白菜给小兔子吃，小兔子吃得可开心啦！"

安安："那小兔子吃肉吗？它胖乎乎的，我觉得小兔子也吃肉。"

萱萱："我喜欢吃饼干，小兔子吃不吃饼干？"

我说："不如我们把食物带到幼儿园喂给小兔子试一试吧，这样就知道小兔子除了萝卜青菜以外，还喜欢哪些食物了。"

接下来的几天，孩子们带来了许多食物：苹果、香蕉、萝卜、青菜、饼干、牛奶……

户外活动时，小朋友们把自己带来的食物喂给小兔子，只见小兔子一会儿吃这个，一会儿吃那个（图 3-4）。

一一："快看，小兔子来吃我的青菜啦！"

萍萍："小兔子快来呀，尝尝我的饼干，可好吃了。"

正正："小兔子来呀，尝尝嫩嫩的小叶子哟！"

图 3-4

莎莎:"哎呀,小兔子来吃我的小面包了,原来它和我一样爱吃面包呀!"

通过几天的投喂,小朋友们发现小兔子爱吃的东西有很多。饼干、水果、蔬菜,小兔子竟然都爱吃。老师和小朋友们将小兔子吃过的东西一一记录在记录纸上(图 3-5,图 3-6)。

图 3-5

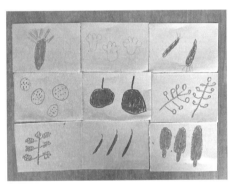

图 3-6

教师思考:

本次活动由孩子们的问题生发。孩子们围绕"小兔子喜欢吃什么"展开了实践活动。在活动中,幼儿兴趣浓厚,参与度高,饲养小兔子的愿望非常强烈。通过猜想、寻找食物、喂养验证得出结论,进一步加深了对小兔子的了解。当然,在活动开展过程中,对于不利于小兔子健康的食物,教师给予了适时的提示,引导小朋友养成健康的饮食习惯。通过实践,小朋友加深了对小兔子的认识,丰富了有价值的经验。

（四）黑黑的小球是什么？（健康活动）

活动目标：

1. 通过观察，了解小兔子的便便。

2. 喜欢照顾兔子，愿意与同伴分享自己的发现。

活动实录：

在尝试给小兔子投喂各种食物后，一天，然然兴奋地对老师说："老师快来看，这里有很多小黑球。"一时间，所有小朋友都被然然的话吸引了，围到他身边讨论起来："这是什么呢（图3-7）？"

图3-7

晴晴："这是小兔子的便便吗？它的便便是小黑球吗？"

小九："小黑球是小兔子的便便吗？和我们的便便不一样呀。"

其他几位小朋友听了晴晴和小九的话，有的捏着鼻子捂着嘴说："原来这就是小兔子的便便呀！"

贝贝："小兔子的家里没有其他小动物，肯定是它们的便便。"

浩浩："这就是小兔子的便便，我奶奶家的小兔子拉的便便就是这样的。"

孩子们对小兔子的便便很感兴趣，一直不停地讨论着，并得出简单的结论：小兔子也会拉便便，并且是黑色的小球状。生活即教育，教育来源于生活，又要回归于生活。基于此，我们又围绕小朋友的便便开展了健康活动，引导幼儿了解便便与身体健康之间的关系，认识健康的便便，从而养成良好的饮食、如厕等生活习惯。

（五）小兔子有妈妈吗？（社会活动）

活动目标：

1. 通过观察小兔子和兔妈妈的表现，体会妈妈对宝宝的爱。

2. 知道妈妈的爱与关心是无微不至的，学会感激、关爱妈妈。

活动实录：

一次户外活动，小朋友们围在小兔子的家附近（图3-8）。我好奇地走了过去，听到如下对话：

图3-8

墨墨："你们说小兔子有没有妈妈呀？"

萱萱："我觉得没有，它只有这两个好朋友，都在这里了。"

安安："小兔子有妈妈，因为我们都有妈妈。"

我告诉孩子们小兔子也有妈妈，明天请兔妈妈来做客。

第二天，我把兔妈妈带到幼儿园。兔妈妈和兔宝宝相见后，开心地在兔笼里跑来跑去。孩子们也兴奋地围过来欢呼："兔妈妈来啦，兔妈妈来啦……"大概过了5分钟，兔妈妈和兔宝宝慢慢地平静下来，孩子们又开始了讨论。

汐汐："你们快看，小兔子多喜欢它的妈妈呀！"

莹莹："它们跑来跑去的，肯定是好多天没有见面，太想念对方了。"

盛盛："我也喜欢我妈妈，她会给我讲故事，讲得可好听了。"

通过谈话活动，孩子们了解到妈妈对自己的爱是无微不至的，懂得了赞美妈妈、关心妈妈。于是借此教育契机，我们开展了歌唱《世上只有妈妈好》活动和诗歌演讲《我爱妈妈》，增进幼儿爱妈妈的情感。

教师思考：

孩子们通过自发地讨论、观察，了解到小兔子也有妈妈，兔妈妈用自己的方式爱着自己的宝宝。孩子们通过观看兔妈妈对兔宝宝的爱，感受到陪伴和爱的重要性。

（六）小兔子的眼睛为什么不是红色的？（探究活动）

活动目标：

1. 通过调查，了解兔子眼睛的颜色与身上的毛色有关系。

2. 萌发一定的探究兴趣。

活动实录：

孩子们每天都会观察小兔子，谈论有关它们的话题。

慧慧："咱们的小兔子怎么是黑色的眼睛呀？"

林林："小兔子就是黑眼睛呀，我们的眼睛也是黑色的。"

慧慧："不对，我奶奶家的小兔子就是红色的眼睛，为什么幼儿园的小兔子是黑眼睛呢？"

思思："我们这几只小兔子都是黑眼睛，这是为什么呢？"

我并未解答孩子们的疑惑，而是鼓励孩子们回家查阅资料并记录下来，第二天将自己收集到的资料带来和同伴分享。

雅轩："我爷爷说，只有小白兔是红眼睛。"

小杰："黑眼睛是因为身体里有色素，而且它们身上的毛也不是纯白的。"

通过雅轩和小杰的分享，我帮助小朋友进行了小结：兔子眼睛的颜色是由体内的色素决定的。大多数兔子的身体里含有一种叫色素的东西，含有黑色素的小兔子，其毛毛和眼睛是黑色的；而少部分身体里不含色素的小兔子，其毛是白色的，眼球是无色透明的，因此，当血液流动时，眼睛会呈现出红色。

教师思考：

孩子们是天生的探索者，能积极主动地发现问题、思考问题，并尝试解决问题。本次活动中，教师并未急于解答幼儿的疑惑，而是引导幼儿利用家庭资源找到问题的答案，在与同伴分享时获得新知识。

（七）可爱的小兔子（剪纸活动）

活动目标：

1. 尝试用剪纸的方式将与小兔子的互动表现出来。

2. 喜欢和他人分享自己制作的绘本小书。

活动实录：

幼儿和动物之间似乎有着天然的联系，总是充满了对小兔子的好奇心与探索兴趣，在与小兔子的互动中，发生了很多有趣的事情。脱稿剪纸是中国传统的剪纸艺术形式，为弘扬中华优秀传统文化，激发幼儿的爱国情怀，我们把孩子们和小兔子的故事用脱稿剪纸的形式记录下来，形成《可爱的小兔子》绘本故事。

在开展了一系列有关小兔子的活动后，幼儿对小兔子的活动兴趣依然浓厚，通过直接感知、实际操作、亲身体验获取经验，处处都体现了对小兔子的探索欲望。在与小兔子接触的过程中，幼儿对小兔子有了更多的了解，也萌发了亲近自然、爱护动物的情感。

（八）漂亮的小兔子（美工活动）

活动目标：

1. 能按自己想象的小兔子大胆作画。

2. 喜欢参加美术活动。

扫码看绘本

材料投放：

画笔、剪刀、彩纸、树叶、废旧材料等。

活动实录：

随着一系列活动的开展，小朋友们对于小兔子的热度只增不减。今天，美工区小朋友决定绘画和粘贴小兔子。

美美："小兔子有两只长长的耳朵，我要给我的小兔子画上长长的耳朵。"

浩浩："我最喜欢小兔子那一身的毛毛了，每次看小兔子的时候我都喜欢摸摸它身上的毛。"

雅洁："哎呀，你们别忘了小兔子还有短短的小尾巴呢！"

孩子们你一言我一语地说着自己眼中的小兔子。不一会儿，姗姗发现美工区有很多树叶，她说想用树叶给小兔子做一件树叶外套，这样冬天它就不冷了。说着就和可欣一起为小兔子做树叶外套。只见姗姗将树叶一片一片地粘贴在小兔子的身上，这时可欣发现树叶比兔子的耳朵大一些，于是拿出剪刀，熟练地剪掉树叶多余的部分。姗姗也把较小的树叶挑出来粘在小兔子的腿及耳朵的区域，将大片的树叶粘贴在小兔子的身上。

活动结束时，绘画组的小朋友画了许多可爱的小兔子，制作组的小朋友为小兔子制作了一件大大的树叶外套（图3-9）。

图3-9

教师思考：

活动前，小朋友们对小兔子的基本形态、外形特征已经有了前期的经验。

在绘画及制作的过程中，孩子们兴趣十足。他们自发地选择多种材料大胆创作。活动进行得非常顺利，孩子们也体验到了制作的快乐。

（九）我的连衣裙（教育活动）

活动目标：

1. 能细致地观察故事画面，并了解连衣裙的不同图案。

2. 能大胆介绍连衣裙的新图案。

活动准备：

自制小兔子、不同的连衣裙卡片、故事 PPT。

活动过程：

1. 活动导入。

谜语引出主题：我们班来了一位能变装的新朋友。

（1）教师用谜语引发幼儿猜测。

幼儿表现：幼儿积极参与到猜谜语的活动中，并大胆利用肢体语言表达自己的猜想。

（2）教师出示故事图片，引导幼儿猜想一块白色的布能做什么。

2. 分段出示 PPT，讲述故事内容，感受连衣裙图案的变化。

（1）出示 PPT，引导幼儿观察小兔子的连衣裙，并猜想接下来会发生什么。

（2）引导幼儿充分想象并鼓励幼儿大胆表达自己的猜想。

幼儿表现：幼儿能仔细观察故事画面，并积极地表达表现。

3. 能用故事中的语言说出小兔子连衣裙的新图案。

（1）引导幼儿认真观察故事画面，用故事中的语言说出小兔子连衣裙上的新图案。

教师："小兔子走到了哪里？猜一猜会发生什么？"

幼儿表现：能认真观察故事画面，并大胆表达连衣裙的新图案。

（2）引导幼儿用完整的话叙述故事内容并大胆表达自己给连衣裙换的新图案。

幼儿表现：幼儿能积极主动地参加活动，为小兔子的连衣裙换图案，并能大胆表达。

4. 幼儿分享交流自己给连衣裙换的新图案。

活动延伸：

将自制小兔子卡片和不同的连衣裙卡片投放到图书区供幼儿自主翻阅，引导幼儿尝试给小兔子的连衣裙换上卡片上没有的图案。

教师思考：

在本次活动中，孩子们兴趣较高，能积极主动地参与到活动中来。教师利用会变装的小兔子引导幼儿为小兔子的裙子换花样，并尝试用故事中的语言进行表述。在活动中，教师通过鼓励、陪同、肯定、赞赏的方式使孩子们获得自

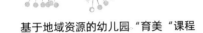

信、体验成功、得到满足。

（十）《小兔乖乖》故事表演

故事表演是一种综合性表演艺术形式，在艺术领域中扮演着非常重要的角色，同时也具有独特的教育价值。故事表演需要小演员根据故事情节，通过语言、表情、肢体、情感的合理配合，生动形象地将故事最原始最真实的一面展现给观众。同时故事表演作为一种教育形式，对正处于大脑开发黄金期的儿童起着非常重要的作用。

活动实录：

在一次表演区游戏中，孩子们自发地分角色扮演故事中的小动物。几次演练后，我鼓励幼儿将《小兔乖乖》这个故事表演给班里其他的小朋友看。孩子们兴高采烈地装扮自己，期待着和同伴以这样的方式见面。表演结束后，教师引导幼儿给几位小演员提供一些建议，孩子们纷纷表达着自己的看法。萌萌："我觉得兔妈妈不够温柔，去采蘑菇的时候没有和自己的宝宝说再见。"嘉苒："我认为大灰狼不够凶狠，没有尖尖的牙齿和凶狠的爪子。"……小演员们根据小朋友提的意见和建议调整了自己表演中的问题。

孩子们继续改进自己的表演，反复改进几次后，孩子们觉得表演的时候需要一些道具，如房子、小篱笆、蘑菇等。小演员们和美工区的小朋友开始紧锣密鼓地筹备。几天后，孩子们的道具已经做成，我们也迎来了庆元旦联欢活动，于是《小兔乖乖》故事表演正式和家长朋友们见面了。表演结束后，孩子们都非常开心，家长朋友们也表示孩子们很棒。孩子们在活动中收获了有价值的经验，获得了成功的体验和自信。

四、主题总结

此次主题活动让孩子们了解了兔子的主要外形特征和生活习性，使幼儿萌生了对动物的关爱之情，培养了对事物的好奇心，以及乐于探究和尝试的良好品质。《指南》中指出，幼儿的学习是以直接经验为基础，在游戏和日常生活中进行的，要最大限度地支持和满足幼儿通过感知获取经验。在主题开展过程中，幼儿通过直接感知、实际操作、亲身体验获取经验，处处都体现了对小兔子的探索欲望。

本次活动从幼儿的兴趣出发，并在不断观察、探索和发现的过程中使活动层层递进，贯穿于幼儿的成长过程中。活动不仅给幼儿带来了欢乐和启迪，而且潜移默化地将责任感、爱心教育、生命教育等贯穿其中，让幼儿拥有一个温情而有意义的童年。

（刘莉）

中班主题活动：石头小精灵

一、主题来源

　　长沟镇位于燕山脚下，周边石头资源丰富，还有地质博物馆、石雕艺术园、石花洞、银狐洞等。大石窝的汉白玉享誉海内外。石头在长沟镇可谓家喻户晓。孩子们在山上、田间、地头、路边、小区等地方随处都能见到各种各样的石头，石头成了长沟娃生活的一部分。

　　《指南》中提到：儿童有着与生俱来的好奇心和探究欲望，好奇、好问、好探索是幼儿的年龄特点。大自然和生活中真实的事物与现象是幼儿科学探究的生动内容，激发探究兴趣，体验探究过程，发展初步的探究能力是幼儿科学学习的核心。于是，我们借助自然资源的优势，将孩子身边的石头引进课堂和孩子们的游戏中。孩子们通过观察、探索、发现、表现、创造，获得全面而深刻的认识，在游戏中感受石头的魅力。

二、主题目标

　　1. 发现生活中各种各样的石头，乐意探究石头的大小、颜色、花纹、形状、质地等特征。

　　2. 喜欢参与淘石头的活动，感受大自然的神奇和玩石头的乐趣。

　　3. 自主探索与石头相关的游戏，萌生对石头的好奇心和亲近感。

　　4. 大胆尝试，用石头进行艺术创作，感受艺术创作的乐趣。

　　5. 初步了解石头与人们生活的关系，乐于想象和创造，提升艺术表现能力和创造能力。

三、主要活动

（一）我和石头有个约会（实践活动）

活动目标：

1. 通过观察、比较，发现石头的颜色、大小、形状、质地等的不同。

2. 喜欢参加探究活动，对探究活动充满兴趣。

活动实录：

说起石头，孩子们如数家珍。小希说："我和奶奶上山的时候看到很多石头，有能写字的石头，有一层一层的石头，有当杆子用的石头。"贝儿说：

"我也去过，我去过六甲房的山，那里的石头很大，还有人用石头堆成围栏，围住田地。"小虎说："我在山上见到过一闪一闪发光的石头，还有红色的、绿色的石头。"小暖一脸羡慕地说："老师，我也想去山上，看看多种多样的石头。"

一天下午，我们带着孩子们来到大山里，孩子们兴奋地说："我们要寻找宝贝啦，我们要带着它一起去旅行。"孩子们都非常兴奋，眼睛里闪烁着光芒，仿佛里面装了小星星一样。

孩子们找到了很多奇奇怪怪的石头：有像乌龟一样的石头，有像面具一样的石头，有像妈妈抱着宝宝一样的石头，还有口红形状的石头等。孩子们迫不及待地和老师、小朋友分享（图3-10~图3-13）。

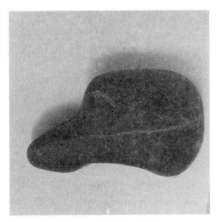

图3-10

图3-11

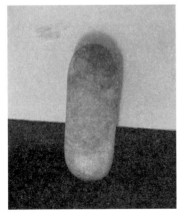

图3-12

图3-13

孩子们把找到的石头放在一起，通过比较，孩子们发现石头在形状、大小、色彩、质地、坚硬程度等方面存在区别，如大石头大，小石头小；大石头硬，小石头软；大石头粗糙，小石头细腻；大石头像山一样高大雄伟，小石头像海一样温柔可爱。

在这个过程中，孩子们学会了观察、感知、判断和思考。他们把自己在生活中见到的事物与石头联系起来，然后自己寻找答案。这样的过程非常有趣，孩子们学到了很多知识，同时感受到生活中处处有发现，处处有惊喜。

（二）地质博物馆里有"奇石"（实践活动）

活动目标：

1. 参观博物馆，认识萤石、汉白玉和多种宝石。

2. 运用自己的方式在调查表上进行记录。

活动实录：

桃子妈妈在地质博物馆工作，桃子告诉大家："在地质博物馆里，有一块晚上会发光的石头，叫萤石。我妈妈让我邀请大家到博物馆里去看一看。"就这样，孩子们带着老师准备的"石头调查表"，带着对萤石的期待，跟着桃子妈妈走进了地质博物馆。

孩子们走进博物馆，就像刘姥姥进了大观园一样，"哇，好大呀，哇，好漂亮啊。"允儿指着门内的一块大石头问桃子妈妈："阿姨，这是您说的萤石吗？"桃子妈妈说："对呀，你看，它是微蓝色的，到了晚上，光线暗下来的时候，它就闪着微蓝色的光。"孩子们又听桃子妈妈介绍了大石窝的汉白玉，看到了石经和石花洞缩影；通过放大镜和显微镜观察了不同石头的内部结构（图3-14），看到了多种多样的宝石（图3-15），如晶莹剔透的蓝宝石、纹理奇特的托帕石、优雅翠绿的孔雀石、珍惜昂贵的黄钻。孩子们还听桃子妈妈讲解了石头的形成、石头的种类以及石头在我们生活中的作用。离开时，桃子妈妈给孩子们赠送了地质博物馆的绘本和石头标本，孩子们如获珍宝。

回到班里后，孩子们拿出自己绘制的记录表，把在博物馆看到的各种各样的石头一一进行了讲述（图3-16）。

真听、真看、真感受是孩子们接触事物最直接的感受方式，也是印象最深刻的方式。孩子们有了丰富的情感体验，与石头产生了亲近感，为接下来玩石头打下了基础。

图 3-14

图 3-15

图 3-16

（三）建造石头房子（区域活动）

活动目标：

1. 根据想象绘制图纸，并尝试按照图纸建造石头房子。

2. 用石头和其他材料建造石头房子。

活动材料：

各种各样的石头、纸板、水、土、小棍、橡皮泥、胶水、木片等。

活动实录：

孩子们把从山上带回来的石头放在了幼儿园一角，他们想建造像福建樟脚村一样的石头房子。老师给孩子们提出了一个问题："建造石头房子需要用什么样的石头呢？"小艺说："用平的、好搭起来的石头，石头结实不容易碎。""除了石头，还需要用什么呢？"可爱说："需要用胶水，把石头粘在一起。"小巴说："我用橡皮泥和石头就可以，再用纸板做一个屋顶。"珠儿说："我需要用小棍、土和水。"小军说："我需要一点儿水泥，和爸爸建造房子的时候一样。"孩子们从各处收集了需要的材料并画了图纸，随后开始了建造。

小艺先从石头堆里捡了一些小而平滑的石头，他尝试着把石头简单地摞在一起，摞到第 3 层的时候，有的石头就掉下来了。他看到小巴绕一圈橡皮泥再摆一层石头，这样石头就不掉了，就对小巴说："我们一起做吧。"说完，把自己的石头搬到了小巴的旁边（图 3 - 17）。

图 3 - 17

可爱找了一块纸板，用小石头摆出地基，再分别用胶水粘上，一层接一层，最后再用木片盖个房顶，房子很快就建好了。

(四) 石头迷宫（区域活动）

活动目标：

1. 尝试用石块和泥建造地面迷宫。

2. 在建造过程中，能够分工协作。

活动材料：

大量石块、水、泥、扁的木棍、盆等。

活动实录：

有一次弟弟妹妹玩石头的时候，在地上铺了一片长长的迷宫，孩子们走在里面玩得不亦乐乎。彩儿说："我们可以建一座迷宫，像幼儿园之前的迷宫一样，我们可以在里面玩。"说着，孩子们就商量起了迷宫的样子。然后，他们分工协作，有的人运石块，有的人抹泥，有的人垒。这一段建完后又建下一段，经过两天的努力，孩子们终于把迷宫建成了。孩子们在里面跑过来跑过去，一会儿从这个口出来，一会儿从那个口出来，有时还藏在里面玩捉迷藏。

（五）滚石头游戏（区域活动）

活动目标：

1. 通过游戏，感受物体的滚动现象。

2. 了解形状和坡度影响滚动的速度。

活动材料：

小土坡、石头、木板等。

活动实录：

在幼儿园的游戏区有一块光滑的小土坡，孩子们把圆滚滚的石头放在土坡上往下滚，比赛看谁的石头滚得远，谁的石头滚得快。在游戏时，孩子们会根据需要更换更圆滑的石头，希望能够滚得更快、更远。球球用两块木板搭起了小坡，一个坡比较陡，一个坡比较平缓，然后找了两块长得相似的石头，让它们同时滚下来，一次又一次，不断地调整着木板的坡度。元元走过来帮球球把木板抬高，说："这样才滚得快。"球球说："我知道这样快，但我就要一个慢慢地，一个快快地。"

孩子们在游戏的时候，通过土坡和自己搭建斜坡，探索着物体形状、坡度及坡面的材质对滚动速度的影响。

（六）宝石收藏馆（实践活动）

活动目标：

1. 运用已有经验创设班级宝石收藏馆。

2. 对已有的石头经验进行总结提升和运用。

活动实录：

随着石头游戏的开展，孩子们收集的石头越来越多，随便放在一个地方又怕找不到了，于是孩子们想创建一个宝石收藏馆。

孩子们从设计开始，为宝石收藏馆设计了场地，在场地内放上各种各样的宝石，把最珍贵的宝石放到盒子里。在收藏馆里，孩子们可以摸宝石，穿宝石手链、戒指，用放大镜观察宝石（图 3 - 18，图 3 - 19）。

图 3 - 18

图 3 - 19

（七）趣创作（综合活动）

活动目标：

1. 通过绘画、起名字、创编儿歌等多种方式进行表征。

2. 运用多种创作方法充分表达对小石头的喜爱之情。

活动实录：

在石头活动开展过程中，孩子们还把石头搬到美工区，对石头进行趣味创作。孩子们把画好图案的石头码放在树坑周围，给小树做围挡；把小石头粘在纸板上，用小石头做人物或物体的一部分，创作了献花的小人（图 3－20）、会叫的大公鸡（图 3－21）和展开双臂的小人（图 3－22）等作品。孩子们还为他们喜欢的小石头起名字，如有着像美人鱼花纹的"美人鱼石"，长得长长的"长长石"，长得像小蜗牛的"小蜗牛石"，等等。

孩子们也为长沟的石头资源创编了好听的儿歌：长沟的水，长沟的娃，长沟的石头顶呱呱。汉白玉，美如霞，博物馆，在我家，欢迎大家都来吧。

孩子们尝试用石头拼拼摆摆，创作出了各种创意作品，给石头赋予了更多价值。

图 3－20

图 3－21

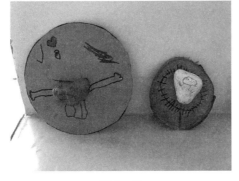

图 3－22

扫码欣赏作品

教师思考：

从去广阔的大山中探寻各种各样的石头，到走进博物馆了解汉白玉、各种宝石，知道石头的来历、种类、多种用途，再到搭建石头房子、迷宫、玩滚石游戏、建宝石馆和各种创作等，孩子们和石头越来越亲近，赋予了石头鲜活的生命力。石头在孩子们的生活中变得有温度、有价值、好玩和有趣。

活动总结：

对于幼儿来说，石头既熟悉又陌生，既普通又充满着魔力，就像一个个小精灵一样。孩子们很喜欢这随手可得的自然物。在开展主题时，教师抓住了幼儿兴趣，为幼儿提供了充分观察、感受和探索的空间，带领幼儿走进大山，走进博物馆，通过视觉、听觉、触觉等各种感官进行感受和探索，追随幼儿的兴趣搭建石头房子、石头迷宫，在动手动脑中亲近石头，和石头产生密切的联结。

（杨瑛）

 # 中班主题活动：遇"稻"一粒米

一、主题来源

长沟镇的贡米有着悠久的历史，还曾被农业农村部列入国家级重要农业文化遗产名录。在一次晨间活动中，孩子们在幼儿园的小菜地里发现了水稻，有的说："这个水稻怎么是绿色的？""什么是水稻？""这个真能长出大米吗？""水稻熟了吗？"……孩子们你一句我一句地讨论着。看到孩子们对水稻这么感兴趣，我们开展了主题活动"遇'稻'一粒米"。

二、主题目标

1. 了解水稻的生长过程，通过多种感官感知水稻的特征。

2. 初步了解收水稻的方法，喜欢并主动参与收水稻的系列活动。

3. 通过参与收割水稻的实践活动，感知粮食的来之不易，同时能够连贯地讲述珍惜粮食的儿歌。

4. 能通过简单的调查收集有关水稻的信息，并用图画或其他符号进行记录。

5. 能用绘画的方式记录水稻不同时期的变化，并通过手工制作等多种方式表现水稻的美。

6. 知道水稻是自己家乡有名的农作物，萌发爱家乡的情感。

三、主要活动

（一）初探水稻（观察活动）

活动目标：

1. 了解水稻的基本结构。

2. 能运用多种感官进行观察。

活动实录：

孩子们来到小菜园观察水稻（图 3-23，图 3-24）。有的说："那里有一个特别高的稻草猴子。"有的说："那里有很大很大的稻田。"有的说："水稻都是金黄色的。"

图 3-23　　　　　　　　　　　　　　　图 3-24

孩子们在园子里与水稻相遇，尽情地用各种感官去探索稻谷的秘密：有的用眼睛观察金黄色的稻田，有的用鼻子感受稻谷的清香，还有的用手触摸饱满的稻穗。孩子们对水稻产生了浓厚的兴趣，兴奋地说着自己的发现。

有的说："水稻的叶子有点扎扎的。"有的说："我闻到了奶糖的味道。"有的说："我在水稻上看到了蜗牛。"有的说："水稻有点像动物的尾巴。"

水稻在一天天地变化。每天早上来园时、户外活动后和离园前，孩子们都喜欢到小菜园看一看水稻。有一天，孩子们发现水稻中间长出了一个高高的东西，上面毛茸茸的。我问："你们觉得它像什么？"有的说像鸡冠，有的说像雨伞，有的说像飞机的螺旋桨，还有的说像小朋友。

最后，通过查阅资料，我们知道原来那个毛茸茸的植物是狗尾巴草的种子。

教师思考：

在活动中，孩子们通过多种感官了解水稻的特点，对水稻的基本结构有了初步认识。在观察水稻的同时，他们也会有很多新的发现。对于活动中老师的

提问，孩子们进行了大胆地猜想。教师抓住每一个探究的机会，激发幼儿的探究欲望，支持幼儿大胆想象，同时给予幼儿各种肯定和表达的机会。

（二）再识水稻（教育活动）

活动目标：

1. 感知和发现水稻的生长变化。

2. 了解水稻的结构，认识水稻。

3. 通过了解水稻的种植过程，感知农民伯伯的辛苦，激发珍惜粮食的情感。

活动准备：

经验准备：幼儿观察过水稻。

物质准备：水稻、水稻种子。

活动过程：

1. 教师出示照片，调动幼儿观察水稻的回忆。

教师："我们前些天观察过水稻，你观察的水稻是什么样子的？"

幼儿积极举手回答问题。盈盈说："水稻的味道是甜甜的。"玉玉说："水稻摸上去扎扎的。"桐桐说："水稻里的米粒是硬的。"

2. 认识水稻的外形特征。

（1）教师："我这里有一株水稻，我们一起看看水稻上都有什么。"

明明说："有水稻的叶子。"阳阳说："有像老人一样的胡须。"萌萌说："上面有水稻，水稻里面有大米。"可可说："有一个硬硬的杆。"

（2）教师总结：水稻上有稻叶、根、稻穗、稻谷、茎。

3. 了解水稻种植过程。

（1）教师："你们知道水稻是怎么种的吗？"

佳佳说："直接插在地上的。"乐乐说："直接把种子撒在地里。"瑶瑶说："放在水里的。"

（2）教师："幼儿园水稻的种子是顾老师带来的，我们邀请顾老师讲一讲水稻是怎么种的。"

①顾老师介绍水稻的种植收获过程：挑选种子—育苗—插秧—除草施肥—浇水—收割—晾晒脱壳—收获大米。

②请幼儿谈一谈自己的感受。

乐乐说："我觉得种水稻太辛苦了。"佳佳说："原来水稻需要很长时间才能熟。"泽泽说："我们能吃大米太不容易了，我再也不浪费粮食了。"

教师思考：

在教育活动中，幼儿通过观察了解水稻的基本结构，在顾老师的讲解下，知道水稻的生长过程，感知种植水稻的不容易，激发珍惜粮食的情感。在后续延伸活动中，孩子们能够梳理出自己的问题，大胆地与人交流，提升语言表达能力，丰富对水稻的认识。

（三）水稻浑身都是宝（调查活动）

活动目标：

1. 能通过简单的调查收集有关水稻的信息，并用图画或其他符号进行记录。

2. 能清楚连贯地介绍自己收集的材料。

活动实录：

认识了水稻，水稻的各个部分都有什么用处呢？孩子们对自己感兴趣的问题进行调查，与爸爸妈妈一同查阅了水稻的相关资料，完成了《水稻全身都是宝》的调查表（图3-25，图3-26）。

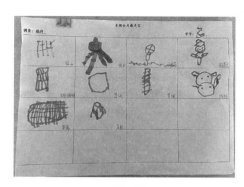
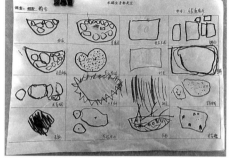

图3-25　　　　　　　　　　　　图3-26

孩子们将调查结果带到班级和小朋友们分享。在每一次分享结束后，许多小朋友都感到吃惊，原来我们常常见到的水稻有这么多作用。例如，水稻的稻壳可以制作成枕头芯，有宁心安神、舒筋活血止痛的功效；可以制作成饲料；也可以做成一次性餐具等。水稻的稻秆可以编织成帘子、稻草人、草鞋和草席，也可以通过技术加工制作成燃料，压制成板材制作成柜子等。稻谷可以结出大米，制作成各种各样的美食，如桂花米糕、锅巴、米粉等。每位幼儿都有很大的收获，意识到原来我们家乡种植的水稻不仅可以用来做成吃的，还能够为我们的生活做很多的贡献，增强了爱家乡和为家乡感到自豪的情感。

（四）稻田绘画（写生活动）

活动目标：

1. 运用多种感官感知水稻，发现水稻成熟时的美。

2. 能够自主选择绘画材料大胆表现自己眼中的水稻，并自信地介绍自己的作品。

3. 在写生活动中感受创作的乐趣。

活动实录：

稻田在不同时期有着不一样的美。为了留住水稻不同时期的样子，孩子们选择用绘画的方式进行记录。孩子们置身于稻田中，看风吹稻穗，用画笔记录直直的水稻杆、被风吹歪的水稻穗、颗粒饱满的稻谷……灵感与创意在田间飞舞。

在此次活动中，孩子们自主选择绘画材料，在稻田边进行创作写生（图3-27，图3-28）。

图3-27

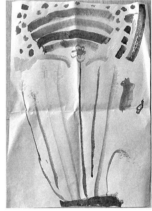
图3-28

（五）"稻花香伴，蟹蟹有你"稻田节（家园共育）

活动目标：

1. 知道水稻是自己家乡有名的产物，萌发爱家乡的情感。

2. 通过亲子稻田实践活动，亲近自然，增进亲子关系。

3. 加深对水稻的感知，萌发节约粮食的意识。

活动实录：

正值十一黄金周，长沟镇举办了"稻花香伴，蟹蟹有你"稻田亲子实践活动。孩子们与家长在稻田亲密互动，体验着稻田实践活动的趣味（图3-29，图3-30）。活动现场敲锣打鼓，洋溢着丰收的喜悦氛围。稻田里有很多用稻草制作的小房子、水果、桌子和椅子，还有可以合影的小熊和大猩猩。孩子们用小手轻轻地抚摸着水稻说："稻草还可以做这么多东西，真是太神奇了。"随后一个老爷爷拿着大喇叭，开心地喊着："开镰喽！"只见一个特别大的机器开始收割水稻，孩子们叹为观止。

图 3 - 29

图 3 - 30

随后稻田节还开展了很多亲子活动：小石磨磨米浆、制作传统爆米花、做草帽和扎稻草人等。

开学后，孩子们都争先恐后地分享自己的感受。

琪琪说："稻田节有很多人，就像我们的大集一样，真是太热闹啦。"

帆帆说："我在那里和妈妈一起制作了稻草帽。"

乐乐说："那个大机器可大了，一会儿就把那么多的水稻都收完了，太厉害了。"

云云说："我听妈妈说，他们小时候都没有大机器，都是人在那儿割水稻，真是太辛苦了。"

教师思考：

虽然水稻是孩子们家乡有名的产物，但是孩子们已经很少能接触到水稻，缺少对家乡水稻的了解。很多家长平时又忙于工作，缺少对孩子的陪伴。这次活动不仅增进了亲子关系，而且让家长了解了幼儿园的教育理念，从而支持幼儿园的工作，共同陪伴孩子成长。家长将自己小时候的经验传递给孩子，不单是历史的讲解，更是一种文化的传承。

（六）开镰喽（体验活动）

活动目标：

1. 初步了解收割水稻的方式，并尝试自己动手收割水稻。

2. 在收割过程中感受收获带来的喜悦。

3. 感知农民伯伯的不容易，学会珍惜粮食。

活动实录：

在收割水稻前，我和孩子们一起讨论收水稻需要准备的工具，有的说用剪刀，有的说用镰刀，还有的说用机器。针对幼儿的方法，我进行了追问："我们到底使用什么样的方法呢?"遥遥说:"不能用收割机器,我们幼儿园的水稻不多,而且小菜园太小,收割机器进不来,我们用镰刀和剪刀就行。"最后在保证安全的前提下,幼儿选择用镰刀和剪刀收割水稻。这时候帆帆说:"我们参加水稻节的时候,有一个爷爷在开始的时候喊'开镰喽!'我们也可以喊一个。"孩子们觉得这个喊声特别有意思,都争前恐后地报名,最后大家通过投票选出两位小朋友来喊。

在收水稻前,孩子们认真听老师讲解了注意事项。"开镰喽!"在两位小朋友的口号声中,孩子们开始有条不紊地收割水稻。幼儿自主分成了几组,有的负责找后勤爷爷借塑料布,有的负责收割水稻,有的负责将水稻运到塑料布上(图3-31)。路过的后勤爷爷看到了说:"你们收完的水稻要一捆一捆地绑在一起。"同同说:"爷爷,为什么要绑在一起啊?"爷爷说:"这样方便运输,不会乱,而且晾晒的时候更容易晒干。如果都摊开,晾晒的时候有的地方晒不到。"于是,孩子们主动向爷爷学习捆稻草的方法。在收割水稻的时候,宣萱说:"水稻地里、路上有很多掉下来的水稻,我们都要捡起来,不能浪费,要珍惜粮食。"孩子们在捡水稻的时候还说:"锄禾日当午,汗滴禾下土,谁知盘中餐,粒粒皆辛苦。"在亲身体验中,孩子们真正地感受到了农民伯伯的辛苦。

图3-31

教师思考:

亲身参与了,才能真切地感受到粮食的来之不易。孩子们通过自己的劳动收获了颗粒饱满的水稻,成功感和喜悦感油然而生。

(七)水稻脱粒啦!(体验活动)

为了让水稻更好地脱粒,孩子们将水稻放在幼儿园阳光最充足的地方。每天户外活动的时候,都不忘记翻一翻水稻。下午离园前,用塑料布将水稻盖起来。一直这样坚持着,直到水稻能够脱粒。

为了脱粒,幼儿想到好几种方法:用手搓、用手摔、用石头砸、用棍子敲、用脚踩(图3-32,图3-33)……经过无数次尝试,孩子们发现用脚搓的方法是最快的。这时候同同和旁边的一一说:"还是用机器最快,我上次去稻田节,就是大机器脱的。"一一说:"老师说过,之前我们没有大机器,都是这样弄的,后来才发明出机器。"同同说:"我们人类真聪明,能发明大机器。"这时候一一说:"我这个脱粒完了。"同同拿过来看了看说:"你这个还差点,我用手再弄吧。"一一说:"那我们俩一起,我用脚搓完,你再检查。"同同点头答应。最终在全班小朋友的通力合作下,水稻终于脱粒完成。

图3-32

图3-33

教师思考:

在这个活动过程中,孩子们将自己的想法付诸实际行动。通过不断尝试,在实践中感受到现代科技的发展以及劳动人民的辛苦。

(八)稻秆迷宫(户外游戏)

活动目标:

1. 在设计迷宫游戏的过程中,提高空间方位能力、思维能力及手眼协调能力。

2. 在稻秆迷宫游戏中,提高观察、分析和解决问题的能力。

游戏玩法:

幼儿分成两队,每一队给对方设计稻秆迷宫,先走出迷宫的队获胜。

活动实录:

幼儿自由分成两组,在活动开始前,他们先进行了分工,有的负责运稻秆,有的负责摆迷宫,还有的负责两边协调。每个组都在小声商讨如何设计迷宫。玉玉所在的组先搭好迷宫,于是她先在迷宫里走了一遍,发现了一个问题,玉玉说:"我们的迷宫没有起点,他们想走哪儿就走哪儿。"阳阳说:"这个好办,我们把这里当作起点,这样他们就不会那么容易走出去啦。"他的想法得到大家的一致认同。最终两组以2:2的成绩结束了此次游戏(图3-34)。

游戏结束后,阳阳说:"老师,我还知道一个好玩的稻草游戏。"我说:"那你来当小老师,带我们一起玩吧。"阳阳开心地招呼大家把稻草摆成有间隔的一竖排。然后小手叉腰、双脚并拢地跳过稻草,演示完成后说:"我去的稻田有许多青蛙,我们来当小青蛙。"于是小朋友们开始了跳跃和跨跑,一会儿就累得满头大汗,但是他们的脸上露出了开心的笑容(图 3-35)。结束后,幼儿把稻草变成了床,在上面开心地休息。

图 3-34

图 3-35

教师思考:

迷宫是一个特别锻炼幼儿思维能力和空间感的游戏。平时幼儿玩的迷宫游戏都是桌面游戏,今天我们把迷宫游戏设计成立体的。虽然对于幼儿来说比较困难,但是当把游戏的主动权交给幼儿后,我们会惊喜于孩子们的表现,他们在设计的过程中独立思考、互相商量,共同发现问题、解决问题。在自己设计的游戏中,孩子们呈现出专注且沉浸式的游戏状态。

(九)稻秆变变变(美工活动)

活动目标:

1. 用多种美工方式进行稻秆手工创作,如编织、捆绑、粘贴等。

2. 在活动中促进想象力和创造力的发展。

活动材料:

稻秆、毛根、纸张、立体房子、胶棒。

活动实录:

在晾晒和脱粒过程中,幼儿就一直玩稻秆。一一说:"稻秆可以做花瓶。"乐乐说:"可以做稻草人。"同同说:"可以做草房子。"于是,幼儿开始在美工区,根据自己的想法制作(图 3-36~图 3-38)。瑶瑶拿来一个小房子,想用稻草装饰,可是双面胶怎么也弄不开,心心说:"我来帮你吧。"在心心的帮助下,双面胶光滑的一面撕下来了。心心坐在旁边看着瑶瑶弄,瑶瑶说:"你怎么不弄啊?"心心说:"我能和你一起吗?"瑶瑶特别痛快地答应说:"可以啊,你弄双面胶，我来剪稻秆，这样我们很快就完成了。"

图 3 - 36

图 3 - 37

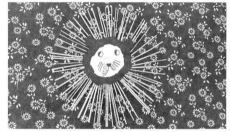

图 3 - 38

教师思考：

活动充分提高了幼儿的想象力和动手操作能力。在活动过程中，幼儿也学会了同伴间的相互合作和协商。

（十）稻花香里话丰年（阅读活动）

活动目标：

1. 通过查阅图书了解水稻的历史，认识袁隆平爷爷，了解他作出的贡献。

2. 通过阅读，能够用较连贯的语言讲述水稻的历史。

3. 感知粮食的来之不易，能够连贯地朗读珍惜粮食的儿歌。

活动材料：

图书《稻花香里话丰年》《一粒种子改变世界》。

活动实录：

幼儿在图书区通过翻看图书了解中国水稻的历史。在阅读《一粒种子改变世界》后，幼儿对里面的人物产生了很大的兴趣，觉得袁隆平爷爷太伟大了，原来我们现在吃的大米都是他研究出来的（图 3-39）。

图 3 - 39

佳佳说："老师，这个爷爷叫什么？"我说："这个爷爷叫袁隆平。"佳佳说："袁隆平爷爷太棒了，让我们都能吃饱饭。我长大也要当一名像爷爷那样的人，让我们中国人都吃得好。"我说："你的想法真的太棒了，我觉得你可以先从小事做起，从不浪费粮食做起。"孩子们纷纷点头。

为了鼓励幼儿不浪费粮食，班级设置"光盘行动积分榜"，鼓励幼儿坚持光盘行动。经过一段时间的实践，孩子们每次都能做到光盘行动，并能够清楚连贯地说《珍惜粮食》儿歌。

为了继续支持幼儿对水稻的探究，幼儿园特别设置了"长沟稻田馆"（图 3 - 40，图 3 - 41）。在这里，孩子们可以深入了解长沟的水稻文化，回顾自己和水稻发生的生动故事，围绕水稻进行探究活动、操作活动，同时，更加全面地认识袁隆平爷爷。

图 3 - 40

图 3 - 41

四、主题总结

本次主题活动以幼儿的兴趣和经验为基点，充分利用乡村资源和环境，给予幼儿亲身体验、实践的机会和平台。活动不单单聚焦在鼓励幼儿参与劳动体验这么简单，而是在拓展相应稻田经验的基础上，让幼儿在主题活动中感知水稻文化，参与劳动教育。

（郭蒙蒙，罗宏岩）

 ## 中班主题活动：甜甜的海棠果

一、主题来源

丰收的秋天总会给人带来无限的惊喜和意外，就像我们发现了海棠果一样。从发现、采摘到最后的分享，整个过程中，孩子们之间洋溢着甜甜的气息，甜到嘴里，甜进每个人的心里。《指南》中指出：幼儿的学习是以直接经验为基础，在游戏和日常生活中进行的，要最大限度地支持和满足幼儿通过直接感知获取经验。从发现惊喜开始，孩子们对海棠果的热情逐渐升温，教师支持幼儿在游戏中进行操作感知，借助海棠果这一资源亲近自然，获得学习与发展。

二、主题目标

1. 喜欢参与劳动，能够自己寻找工具用适宜的方法采摘海棠果。
2. 通过观察、品尝发现两种海棠果的不同特征（大小、颜色、味道等）。
3. 学会用调查的方法了解海棠树的生长过程。
4. 乐意分享美食，体验劳动和收获的乐趣。
5. 尝试用多种方式进行艺术创作，激发对大自然美好的憧憬。

三、主要活动

（一）初遇海棠果（谈话活动）

活动实录：

秋天是一个丰收的季节，更是一个绚丽多彩的季节，恬静的阳光洒满幼儿园的每一个角落，像是给万物披上了神秘的色彩，让人想去一探究竟……

"老师，我好像踩到了一个小果子。"诺诺突然停下脚步说。他蹲下身来，拨开层层落叶，终于发现了这个"小东西"。

"是海棠果吧。"桐桐跑过来说。

孩子们听到动静也纷纷围了过来："它可真好看，红红的，还有点像我家的小苹果，就是个头真的好小。"

"我之前也吃过海棠果，甜甜的很好吃。""这里还有。"

原来不远处有一颗海棠树，上面结满了海棠果，红彤彤的样子煞是好看，海棠树下散落了大大小小的海棠果（图3-42）。

图3-42

(二) 亲手摘下红红的"棠"（实践活动）

活动目标：

1. 能够使用不同的采摘方法进行采摘。

2. 学会合作做事情，遇到问题时，愿意尝试想办法解决问题。

活动实录：

幼儿园里的海棠果成熟了，这件事成了班级里最热门的话题。孩子们盘算着什么时候去把这些好看的海棠果摘回来。想要进行采摘，首先就是寻找采摘工具，剪刀、小筐、小盒子……孩子们你一群我一伙地带好工具去摘海棠果。

"咱们都摘红红的那种，颜色浅的不好吃。""小军师"桐桐说着。因为她家也有一颗海棠树。孩子们随声附和着："知道啦。"孩子们有的用剪刀剪海棠果的把儿，有的拿着小篮子接着，防止海棠果掉在地上摔坏了，还有的小朋友直接用手把海棠果摘下来放在小筐里，一派热闹景象（图3-43）。在阳光的照耀下，孩子们额头的汗珠微微闪着光芒。在采摘的过程中，孩子们也遇到了困难：高处的海棠果怎么摘呢？孩子们进行小组间的讨论，最后请个子高的小朋友站在椅子上去摘。采摘结束后，孩子们一起将海棠果运回班级（图3-44）。

图 3-43

图 3-44

教师思考：

在采摘的过程中，孩子们学会了相互合作，积极动脑筋解决问题。面对怎样不让剪下来的海棠果掉在地上、怎样使用剪刀可以更好地把海棠果剪下来、怎样将海棠果运回班级等问题，孩子们都能一一解决。整个过程中，孩子们一起思考、想办法，感受着秋天带来的喜悦和丰收的快乐，感受着自己解决问题带来的成功。

（三）甜甜的味道暖人心（综合活动）

活动目标：

1. 学习清洗海棠果的方法，并愿意参与劳动活动。

2. 通过品尝，尝试用对比学习的方法判断海棠果的成熟程度。

3. 能够用语言描述海棠果的味道，并且乐意与他人分享美食。

活动实录：

采摘后，孩子们最期待的就是品尝海棠果的味道。每个小朋友挑选了一颗自己最喜欢的海棠果，洗干净品尝味道。

"老师，海棠果真甜。"梓莘一边吃一边手舞足蹈起来。

"为什么我的这么酸！"景淇闭上眼睛咧着嘴巴说。

"老师，我的是甜的，像糖果一样甜。"

"我的也是酸的呢！"

通过对比，孩子们发现超级红的海棠果会更甜一些，而有一些又红又黄的海棠果就没有那么甜。孩子们由此知道超级红的海棠果是熟透了的，而又红又黄的海棠果还没有熟透。孩子们品尝后还剩下了一些海棠果，露露提议将剩下的海棠果分享给其他班的小朋友和老师。"那我们去送海棠果的时候应该怎样说呢？"老师问。

"要先和小朋友打招呼。"露露说。"打招呼后我们还要说些什么呢?"小朋友们没有说话。"我们要和她们说清楚,我们请他们吃海棠果。"紫熙笑着说。"还要有礼貌地说。"

商量完后,孩子们分组去给其他班的小朋友和老师送海棠果了。

(四)留住海棠果的美(写生活动)

活动目标:

1. 能够抓住海棠树、果实、树叶的特征进行写生活动。

2. 学会使用不同的绘画工具进行表现,并愿意表达自己的想法。

活动实录:

随着活动的开展,孩子们对海棠果的兴趣越来越浓厚,他们会自发地去美工区进行绘画和制作。由于对海棠树及其果实的样子观察得不全面,因此孩子们有了去写生的想法。

子安:"老师,你看这个海棠果圆圆的样子真可爱,上面还有一些小斑点。"

铭泽:"它还有小尾巴呢!"

有的孩子捡起掉落在地上的海棠果和叶子,细心地观察起来。

阳阳:"树干有点小疙瘩。"

于是,我引导孩子们从海棠树的整体进行观察,再细致到观察海棠树的树枝、树叶、果实,引导幼儿交流海棠树的枝、叶、果等的特征,为后续的写生做好经验准备。

观察、交流后,孩子们开始了创作(图3-45,图3-46)。诺诺一直在海棠树下转悠,拿起了一个海棠果,又不满意地摇摇头……过了几分钟,只见他满意地拿着一颗海棠果坐在垫子上开始绘画起来。二十分钟过后,大部分孩子的绘画已经接近尾声。诺诺第一个拿来他的作品说:"老师,这是我画的海棠果,我不会画海棠树,所以我画了很多的海棠果。"

图3-45　　　　　　　　　　　图3-46

（五）海棠果扎染乐趣多（扎染活动）

活动目标：

1. 感受海棠果的色彩变化，并尝试用捣碎的方法提取出海棠果的色彩。

2. 尝试进行扎染活动，学习扎染的步骤和方法。

活动实录：

为了让幼儿感受海棠果鲜艳的颜色，了解中华民族传统的非遗手艺，我引导幼儿尝试用海棠果汁进行扎染活动。

我问幼儿："成熟的海棠果是什么颜色的？不成熟的海棠果是什么颜色的？海棠的叶子是什么颜色的？"

幼儿根据教师提出的问题进行了思考：红红的海棠果像火的颜色，还有绿色的、橘色的、红色的……于是，我们开展了扎染活动，将秋天海棠树的果实、叶子的颜色融入扎染中，运用不同的扎染手法，让秋天的海棠果在白布上产生奇异的色彩碰撞（图 3-47，图 3-48）。

图 3-47

图 3-48

教师思考：

扎染是孩子们第一次接触就爱上的创作形式。孩子们以海棠果和海棠树的叶子颜色为主要色调，用捣碎的方式提取出颜色并进行扎染创作，在晾晒完成打开的一瞬间，给人意想不到的惊喜。

（六）甜甜的海棠果（撕纸创作活动）

活动目标：

1. 知道书的基本结构，并且乐意制作小书。

2. 能够将发现、采摘、品尝、晾晒和分享的经历用撕纸的形式表现出来。

3. 喜欢和他人分享我们制作的绘本小书。

活动实录：

孩子们和海棠果的故事在生动地发生着，并且有意愿用撕纸的方式再现摘海棠果的故事。于是，我鼓励孩子们用表征的方式将与海棠果的互动故事进行

记录，生成绘本故事。

前期，我和孩子们一起了解书的基本结构、制作小书的基本步骤，在积累了一定的经验后，孩子们开始了自制小书活动。她们选择用撕纸的表现手法进行再现，孩子们边回顾采摘海棠果的故事边进行创作，气氛其乐融融。

教师思考：

每当我看到《甜甜的海棠果》绘本的时候，心里总是暖暖的，它不仅是一本绘本，而且更加真实地反映出我们和海棠果之间产生的情感，诉说着甜甜的喜悦和收获，蕴含着师幼的美好情感。

扫码看绘本

孩子们创作这本故事的初衷也是想将与海棠果的美好故事记录下来，将海棠果带给人甜甜的感觉保留下来。孩子们大胆地选择了撕纸的形式进行创作，运用了大量的暖色调彩纸进行撕纸和粘贴，凸显甜甜的、暖暖的心情。每当和孩子们重温这本绘本的时候，都感觉是在回忆一件特别美好的小事，甜到嘴里，甜到心里。

四、主题总结

《指南》中指出：幼儿的学习是以直接经验为基础，在游戏和日常生活中进行的，要最大限度地支持和满足幼儿通过感知获取经验。本次主题活动让幼儿亲身参与到劳动活动中，感受劳动带来的乐趣。本次主题活动从孩子们初遇海棠果开始，到制作属于孩子们自己的绘本故事《甜甜的海棠果》落幕，看似已经结束，却在孩子们的心里种下一颗小小的种子。孩子们会一直记着，在那个美丽的秋天，在最喜欢的幼儿园遇到的那棵海棠树及后面发生的一切。这一切终将成为一段回忆，一段带着甜甜味道的回忆……

（薛沙沙）

 中班主题活动："薯"与我

一、主题来源

陈鹤琴先生曾说："大自然、大社会都是活教材，在这个活教材里，孩子们能从中学到经验和知识。"《纲要》中同样指出：要充分利用自然环境和社区的教育资源，扩展幼儿生活和学习的空间。秋天是丰收的季节，是花草树木变换的季节，我们的种植园也在发生着变化。随着气温下降，种植园的蔬菜慢慢成熟，孩子们的餐桌上也开始出现应季的食物——红薯，班级自然角水培的根茎类蔬菜也在悄悄发生着变化。

"饭里是红薯吗？"

"红薯的芽会不会越来越长？"

"发芽的红薯种在泥土里会长大吗？"

"红薯的茎能长多长？"

伴随着孩子们对红薯的好奇，我们以红薯为探究主题开展了丰富的活动，通过寻"薯"记、玩"薯"乐、解"薯"秘、品"薯"味的主题脉络，孩子们和红薯展开了一段奇妙的旅程。

二、主题目标

1. 认识红薯，通过各种感官了解红薯的基本特征及生长环境。

2. 尝试用观察、对比等方法探究红薯的秘密（大小、茎叶长短等）。

3. 喜欢参与劳动活动，能够自主寻找工具参与挖红薯活动，并学会简单的劳动技能。

4. 通过调查的方式了解红薯美食，并愿意动手尝试制作红薯美食，了解红薯的营养价值。

5. 能够进行自主的想象和创造，并用艺术的方式进行表现。

6. 在操作、体验、探究中，养成不怕困难、积极动脑的良好品质。

三、主要活动

（一）寻"薯"记

活动一：哇！红薯（实践活动）

活动目标：

1. 对红薯感兴趣，愿意参与寻薯活动。

2. 了解红薯的生长过程，并认识红薯叶子。

活动实录：

有一次，幼儿园加餐吃的是红薯，孩子们被它甜甜的味道深深吸引，有个孩子发出疑问："为什么之前没有吃到甜甜的红薯呢？"班里顿时热闹起来。

萱萱："因为之前幼儿园的叔叔阿姨不买红薯。"

月月："因为大家开始不知道红薯这么好吃。"

诚诚："因为秋天到了，红薯成熟了，我们就可以吃了。"……

追随孩子们的话题，我们来到了种植园。秋天的种植园有不一样的风景，孩子们在地里认真地观察，发现番茄红彤彤、青菜绿油油，苹果树上也挂满了小苹果，就是不见红薯的身影。

萱萱："红薯长在哪里，树上吗？"

月月："在土里的，红薯都长在土里，我去挖过。"

诚诚："那我们怎么才能找到红薯呀？"

轩轩："可以找叶子，红薯也要长叶子。"

天天："可是我不认识，红薯叶子是什么样的呢？"

宇巍："我想看一看红薯叶子。"

孩子们还没有离开种植园就迫不及待地讨论起来，最终一致决定回班查一查红薯叶子的样子。

我们利用网络和孩子们一起查找了有关红薯的资料后，了解到红薯的生长特征。当孩子们习得了关于红薯及红薯叶的经验后，再一次来到种植园，一眼就发现了红薯地，并对红薯叶子产生了浓厚的兴趣。

萱萱："老师你看，我的红薯叶子是爱心形的。"

月月："你们快看，我的红薯叶子怎么和鸡爪子似的，哈哈哈，好搞笑。"

诚诚："我的红薯叶子像手一样有五根手指。"

轩轩："我妈妈告诉我红薯的叶子还能吃呢。"

随着孩子们对红薯叶的讨论，这次活动也接近了尾声，孩子们建立了对红薯的认识，也开始期盼挖红薯活动的到来。

教师思考：

陈鹤琴先生说过：大自然、大社会都是活教材。《指南》中也指出，幼儿有着与生俱来的与大自然的亲近感，幼儿在大自然中学习是一件十分有趣的事。时值金秋，正是红薯成熟的季节，孩子们对红薯地里的红薯充满了期待，为后续活动的开展做了铺垫。

活动二：我们一起挖红薯（实践活动）

活动目标：

1. 能够选择适宜的工具挖红薯，并掌握挖红薯的方法和技巧。

2. 喜欢参与劳动活动，感受挖红薯的乐趣。

活动实录：

挖红薯之前，孩子们已经了解了红薯的生长特点，于是幼儿分组讨论：挖红薯需要什么工具？我们可能会遇到什么问题？我们要怎么合作分工呢？孩子们你一言我一语，兴致盎然、满怀期待……

迎着秋日暖阳，孩子们在小库房里选择好合适的工具，兴高采烈地来到了红薯地里。我们先一起观察了红薯的藤和叶，随后孩子们迫不及待地想要挖出藏身于地下的红薯，就在田地里忙碌了起来（图3-49，图3-50）。

月月："我的红薯圆圆滚滚的。"

轩轩："看，我挖到了一个红薯王！"

沐川："我的像大香蕉。"

恩成："我挖出的是莲藕呀，好几节。"……

孩子们不一会儿就挖出了很多红薯，开心雀跃地摸一摸、瞧一瞧、闻一闻，仿佛已经闻到了香甜的味道。

图3-49　　　　　　　　　　　　　　图3-50

（二）玩"薯"乐

活动一：好玩的红薯秧（实践活动）

活动目标：

1. 能够发挥想象力，创新红薯秧的玩法。

2. 愿意大胆尝试，并与同伴分享自己的心得。

活动实录：

在挖红薯的时候，月月用红薯秧编成了一条"裙子"，吸引了旁边小朋友的注意。孩子们都开始寻找身边的红薯秧，开始思考怎么做裙子、项链。于是，我们鼓励孩子们自由想象、大胆尝试、结伴探索……

月月走过来说："老师，您看看我的耳环，好看不？"没等我回答，其他小朋友见状纷纷走过来跟我展示他们的成果（图3-51，图3-52）。

美玉："我的是宝石裙子。"

博宇："我的是大王的王冠。"

七月："我的是水晶项链，送给我妈妈。"……

长长的红薯藤还被孩子们当作跳绳来玩耍。一系列活动下来，孩子们展示出了他们的奇思妙想。在操作实践中，他们对红薯的兴趣不断增加，各领域的能力也得到了发展。

图 3 - 51　　　　　　　　　图 3 - 52

教师思考：

孩子们对红薯仍然兴趣十足，教师也在思考该如何继续支持幼儿在游戏中进行学习。于是，我鼓励孩子们合作完成、互相帮助，充分给予孩子们想象的空间，支持幼儿富有个性地发展。

活动二：艺"薯"（艺术活动）

活动目标：

1. 根据红薯的外形特征进行大胆想象。

2. 尝试用艺术创作的方式表现自己的想象。

活动实录：

从小菜地回来后，孩子们还沉浸在挖红薯、玩红薯秧的快乐中。小燕拿起大大的红薯说："老师，您看我手里的红薯像不像大河豚？""真的好像啊，圆滚滚的身体……"一旁的小朋友见状，都开始纷纷寻找，于是"红薯像什么？"的活动就生成了。

翌麟："我的像莲藕，一节一节的。"

佳杰："我的像毛毛虫。"

欣怡："我的是小老鼠。"

昊辰："我的是一串大香蕉。"

沐川："我的可不是河豚，我的是海豚。"……

我鼓励幼儿用不同的形式记录下来。孩子们用撕纸、绘画、剪纸等方式制作了以红薯为主题的翻翻书《你知道这是什么吗?》。

(三) 解"薯"秘

活动一: 测量红薯(科学活动)

活动目标:

1. 学习自然测量,掌握正确的测量方法。

2. 同伴之间能相互合作,大胆进行交流。

活动实录:

孩子们把从地里挖出的红薯带回班里,兴致勃勃地观察红薯,对比红薯的长度。

燕燕:"你快看,我的红薯比你的长。"

萱萱:"明明是我的长好不好,哼!"

正轩:"是我的长。"

沐川:"不对,还是我的长一点。"……

在争论不出结果的时候,我向小朋友们提出问题:"到底怎么才能知道谁的红薯更长一些呢?"于是,我们开展了"如何测量红薯的长度?"的大讨论,鼓励幼儿带着问题回家和家长查找资料、寻找办法。第二天,我们将找到的方法进行分类、汇总,分组尝试(图3-53)。

第一组:用雪花片测量。

正轩:"谁来跟我比?"

沐川:"我来。"

他们两个用雪花片进行测量。小朋友们的眼睛一直追随着他们两个,一起数着:"一个、两个、三个……"

图3-53

只听见沐川说:"我赢了,我比你多一个雪花片。"

第二组:用积木测量。

月月:"梓欣,你小心一点,不要碰倒。"

昊辰:"我用方形的积木,特别稳当,咱们组肯定能胜利。"就这样,孩子们小心翼翼地一块一块往上搭建着,同组的小朋友也认真地做着记录……

第三组:用绳子测量。

翌麟:"我们组用绳子测量,红薯长得弯弯扭扭,用绳子正合适。"

霁航:"谁来帮帮我。"没一会儿,在同组小朋友的齐心协力下,红薯的长度就测量出来了……

教师思考：

生活是最好的教材，幼儿从身边找来各种物品用于测量。在探索的过程中，孩子们不仅知道了自然测量的工具、方法，还学习到了在测量过程中要注意的问题，比如一个接一个、首尾相接。这些都是孩子们在不断思考、不断探索的过程中习得的经验。

活动二：水培红薯（实践活动）

活动目标：

1. 了解水培植物的种植方法并大胆进行尝试。

2. 喜欢参与水培种植活动。

活动实录：

孩子们提出了一个疑问：红薯除了长在土里，能不能在水里生长呢？于是我请孩子们寻找容器，装上水后就开始水培红薯。水培的过程是孩子们跟着红薯一起成长的过程。

沐川："老师，红薯为什么还不发芽?"

老师："别着急，再等一等。"

正轩："老师把换水、晒太阳的任务交给我吧?"

翌麟："我也可以，我也很细心。"

就这样，他们会每天去观察红薯是否有变化，会细心照料红薯，及时换水。慢慢地，红薯发芽长叶了（图3-54）。

图3-54

教师思考：

虞永平教授在《用"全收获"理念开展幼儿园种植活动》中说：种植活动是幼儿园常见的一种活动形式，是幼儿与植物、泥土、水及各类工具相互作用的过程。核心价值是满足幼儿亲近大自然的需要，增进幼儿对植物的情感，让幼儿在多样化、多方式的四季种植活动中增进对植物及其生长发展过程的了解，增进对植物生长条件的了解。

（四）品"薯"味（健康活动）

活动目标：

1. 了解用红薯制作的各种美食，能够用调查表的方式进行调研、记录。

2. 养成不挑食等健康的饮食习惯。

活动实录：

面对诱人的红薯，孩子们早就迫不及待地想要尝一尝红薯的味道了，他们通过调查记录了解用红薯制作的各种美食，并进行分享（图3-55）。

昊辰在一边说："要是现在能吃到红薯干多好。"

月月："红薯可以做糖水。"

沐川："我妈妈会做炸红薯，很好吃。"

欣怡："我想吃蜂蜜红薯片。"

翌麟："我还吃过用红薯做的拔丝地瓜。"

看到孩子们兴奋的样子，我们决定在幼儿园制作红薯制品——蜂蜜红薯片。

孩子们热火朝天地准备起来，有的洗红薯，有的拿出工具间的小案板、蛋糕刀，还有的去伙房找蜂蜜……准备就绪，开始制作。

月月："切得薄一点，爱熟。"

沐川："多抹点蜂蜜，我爱吃甜的。"

正轩："熟了吧？我尝一尝。"……孩子们对蜂蜜红薯片充满了期待。终于，他们制作的红薯片熟了（图3-56）。

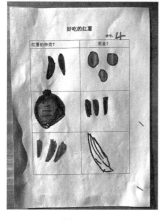

图3-55

图3-56

月月："好吃，真好吃。"

沐川："好甜啊，蜂蜜的味道真好吃。"……

此刻，孩子们吃得津津有味，露出了满足的表情，这是他们自己的劳动成果，不可替代。

四、主题总结

在整个主题活动的开展过程中，幼儿和教师的知识、经验能力都有一定程度的提高与积累。课程从孩子的生活中来，回归到生活中去，这样才更加生动有趣。在实施的过程中，我们不断捕捉幼儿的兴趣，根据幼儿已有的经验进行调整，让幼儿通过亲身体验、直接感知、实际操作，深入探究当下季节里餐桌上必不可少的一种食物的价值，使之更好地融入生活中去。活动中，教师和幼儿一起探索，也为幼儿的探究提供了支持。

整个活动充分发挥了幼儿的主观能动性，让幼儿成为活动的主人，使幼儿在活动中体会到大自然的魅力，并与同伴一起探索红薯的神奇。教师在活动中提供了丰富的图片、视频资料等，激发了幼儿强烈的好奇心和探究欲望。教师通过潜移默化的方式来引导幼儿进行探究，培养了幼儿的问题意识，发展了幼儿的观察能力和语言表达能力。

《指南》中提出：教师要善于挖掘幼儿生活中熟悉的、感兴趣的事物作为课程资源，赋予生活教育价值，使教育更贴近幼儿的生活经验。这次活动能够见证孩子们的成长，也能够丰富孩子们的生活经验。该主题活动是根据幼儿的兴趣和需求，一步一步生成的系列活动，在讨论、探索、实践中丰富了幼儿的认知，促进了幼儿的全面发展。作为教师，要能够成为幼儿的支持者、引导者、合作者，让幼儿在问题中收获，在收获中成长！

（张添添）

第二节　在生动的感知参与中收获
——课程故事

让资源走近幼儿，倾听幼儿的心声，探秘幼儿的生活，感知幼儿的生命，与幼儿共同成长。在幼儿与资源的互动中，他们欢笑、感知、思考、探索、体验、表达……他们与资源一起创造出属于自己的小故事，或充满温情或诙谐幽默或触动人心……需要我们细细品味，慢慢感悟。

儿童有一百种语言，一百种艺术表达，一百种参与、体验、游戏的方式，一百种倾听、惊奇、爱的方式，一百种表达、记录、呈现的方式。儿童的一百种语言，等待着成人去看见、去倾听、去尊重、去支持。原创绘本是幼儿众多表达方式中的一种，幼儿用一支画笔记录惊喜、记录发现、记录探究、记录成长、记录着故事中的点滴和成长的惊喜。

课程故事：保护草莓大作战

故事背景：

草莓是孩子们非常熟悉并喜爱的水果，当小朋友们如愿以偿地在种植园里种上草莓苗后，草莓能顺利地开花结果吗？辛勤劳动后得到的果实，孩子们品尝到了吗？在草莓的成长过程中会发生什么奇特的事情呢？让我们一起走进幼儿园的种植园地，来看看小朋友们种草莓的故事吧！

暮春四月，万物生发。孩子们每天都会讨论幼儿园里的花花草草。在讨论声中，一说起草莓，孩子们总有聊不完的话题，因此我和孩子们共同开启了一段关于草莓的探索之旅。

一、草莓被谁偷吃了呢？

说起草莓，小朋友们最感兴趣的就是什么时候才能吃。每天清晨，他们都会去观察。盼呀盼，好不容易熟了，但是有一天，孩子们突然发现红红的草莓好像被谁咬过了。

到底是谁偷吃了我们的草莓呢？小朋友们就这个问题展开了激烈的讨论。

许源昊说："是蚂蚁偷吃了我们的草莓吗？我经常看到蚂蚁在食物上爬来爬去的，一定是它们吃的。"

商佳宁说："一定是小猫偷吃了。"

贺竑朝说："是毛毛虫偷吃了吧。"

曹天奇说："我觉得是冯琪轩吃的，中午吃水果的时候他总是想要多吃几个草莓，一定是他吃的。"

小朋友们发现草莓被吃掉的边缘是尖尖的，他们经过观察发现，小鸟的嘴是尖尖的，最后锁定是小鸟吃了草莓。

小鸟那么可爱，怎么才能不伤害小鸟又不让它吃掉我们的草莓呢？小朋友们想出了很多办法。

有的说："可以拉一条长长的绳子，把上面系上彩色的布条，风一吹就把小鸟给吓跑了。"有的说："我妈妈带我去采摘过草莓，是在一个大棚里，小鸟飞不进去，我们也可以制作一个大棚，把草莓保护起来。"还有的说：

"我看到过田地里有稻草人，奶奶告诉我可以在草莓地里放稻草人，这样就能把小鸟吓跑了。"

二、保护草莓大作战

经过讨论，孩子们决定为草莓制作稻草人。

孩子们先观察了稻草人的样子，讨论可以怎么做，怎么支撑。接着孩子们纷纷从家里带来了制作稻草人需要的材料、工具等，开始设计和制作稻草人（图3-57）。在这个过程中，孩子们遇到了很多的问题并想出了解决办法：1.制作好了稻草人，但衣服却穿不进去，就把捆好的架子拆开重新装；2.木棍在土里插不稳，就去找保安爷爷帮忙，把木棍下面弄细了再插进去；3.木棍固定不住，就用绳子把它们紧紧地捆在一起。稻草人终于做好了，孩子们高兴地把它插进草莓地里。可是过了几天，孩子们再去看草莓的时候，发现红红的草莓又被吃掉了。

贺竑朝说："一定是我们做的稻草人不够凶猛，小鸟才不害怕。"

王子轩说："我最害怕大老虎了，小鸟一定也害怕，我们在稻草人的衣服上画上大老虎的牙齿，一定可以把小鸟吓跑。"

琳琳说："我奶奶说了，小鸟害怕红色，我们把衣服上画一些红色的图案，把它吓跑。"

孩子们开始了改装稻草人的行动。他们为稻草人换上新衣服，给它们戴上了像荷叶一样的帽子，这样下雨就不会被淋湿了，收集了很多材料为稻草人制作了胳膊、手和长长的辫子（图3-58）。

孩子们把改装好的稻草人放到了草莓地里，开始了特别的期待。过了些日子，草莓成熟了，孩子们开心地去采摘。满满的成就感让孩子们兴奋了许久。

图3-57

图3-58

活动结束后，孩子们用绘画的方式记录下这个有趣的故事，故事小书《是谁偷吃了我们的草莓》也由此诞生。

扫码看绘本

活动总结：

《指南》中指出，幼儿的科学学习是在探究具体事物和解决实际问题中发展的。科学学习的核心是激发探究兴趣，体验探究过程，发展初步的探究能力。在这个活动中，孩子们探究如何利用身边的材料来保护草莓，在不断发现、探索的过程中感受和体会到种植的不易和收获的快乐。孩子们喜欢这么真实的活动，也享受这么真实的活动，更在这样真实的活动中收获了成长。

（刘新亚）

 课程故事：砰！豆荚炸开了

故事背景：

有一天，我们在小菜园观察植物时，贾沐阳跑到我面前说："刘老师，您快来看，这地上有好多'小豆角'，有黄色外皮的，有黑色外皮的，还有绿色外皮的……"身边的几个孩子听见了，也都跑过去和贾沐阳一起去看。

如心说："这不是豆角，这里边是黄豆。"高一凡说："这不是黄豆，黄豆比它大。"肖樾峣也跑过来看了看地下的小豆子说："这应该是红豆，你看地上有红颜色的小豆子。"这时如意大喊了一声："哇，大家快来看呀，"如意一边翻开叶子，一边指着绿叶下面一些绿色的豆子说，"这有可能是绿豆吧？"肖晴说："不是，这个上边的'小豆角'有黑皮、绿皮和白皮，怎么可能是绿豆和红豆呢？他们应该是绿豆、黑豆和白豆。"孩子们你一言我一语，都觉得自己说得对，仿佛现在就要讨论出结果。

一、砰！豆荚炸开了

怎么才能知道里面到底是什么豆子呢？孩子们又一次来到小菜园，开始在地里寻找答案……有的孩子通过寻找地上的豆子来确定这些豆秧上长的是什么；有的孩子用手摸它的外壳猜想里边长的是什么；还有的孩子拿起地上的豆子面向太阳，想通过阳光照射看看壳里长的是什么。

突然有个孩子大叫："我知道啦！大家快来看。"孩子们都围了过去，惊奇地发现白色皮里是红豆，黑色皮里是绿豆。王梓棋说："我刚才不小心把白色皮和黑色皮碰坏了，砰的一下，皮一卷，就蹦出来很多红色豆子和绿色豆子来。"其他孩子也都开始尝试起来，尝试成功的孩子们都在念叨着："真的轻轻

一碰，黑皮里出来的是绿豆，白皮里出来的是红豆。"刘睿豪却说："为什么绿色外皮的豆子轻轻碰就打不开呢？"孩子们又都轻轻地去敲击绿皮豆子，可是都没有结果。马梓卉说："刘老师，绿色皮里是什么豆子，为什么轻轻碰，它却不开？"我说："要不我们在绿色豆子边做个标记，过几天再来看看怎么样？也许它和其他豆子不一样呢？"孩子们都很期待下一次的探索，都在自己的绿色豆皮边上做了记号：有的取来一些土，在旁边的地上堆上小土山做记号；有的找保安爷爷拿笔在叶子上做标记；有的用脚量了量自己的绿色豆皮的大概位置……

几天后，我们又来到小菜地，孩子们开始寻找自己做的标记。冯宇豪说："这个豆子是我的呀？怎么变颜色了？"还有几个孩子说："我的也变颜色了。""我的变成白皮的了，我的变成黑皮的了"……轻轻一碰，砰！豆荚炸开了，有的出来的是红豆，有的出来的是绿豆，孩子们这才明白，原来绿色皮里的豆子是还没有熟的红豆和绿豆。孩子们兴奋地说："我们把这些豆子带回班里吧！刘老师，等豆子都熟了，我们一起收豆子吧？"

二、收豆子喽！

孩子们一边收豆子一边说："豆子可真多呀！这次我们可以拿回去做大餐了。"有的说："收豆子真的很辛苦呀！"贾沐阳听到这句话后说起了《悯农》这首古诗，很多孩子也跟着说了起来。有的小朋友说："我要把这些豆子都带回班里收藏好。"还有的孩子不断提醒同伴："不要碰那些绿色外皮的豆子，那个还没有熟呢。"孩子们一边聊天，一边开心地收豆子，很快熟的豆子就都收完了。

豆子带回班里都可以干什么呢？金沐辰说："可以种豆子。"陈阔兴奋地说："水培豆子可以长出豆芽！"思嘉说："长出的豆芽就可以吃啦！我们也可以送到食堂，让阿姨帮我们炒豆芽吃。"陈欣怡说："我们中午吃的红豆饭、豆沙包就是用这个豆子做的吧？"高一凡："那我们把豆子剥开送到食堂，让食堂阿姨帮我们做红豆饭。"孩子们都赞同两人的提议，开心地鼓起掌来。很快，孩子们将豆子剥好，送给了食堂的叔叔阿姨。

在种植的过程中，孩子们细心地照顾豆苗，浇水、观察、测量，还自己设计观察记录表，记录豆子的生长变化。在这个过程中，孩子们体验了水培豆芽的过程，并且对豆芽和豆苗的结构有了一定的了解。

孩子们还用剪纸的方式把豆荚炸开了这个有趣的故事制作成了绘本。

活动总结：

这次活动由一场讨论开始，教师追随孩子们的兴趣，开展了

扫码看绘本

识别小豆子的探索活动。孩子们通过亲身体验、实际观察、比较等了解了豆子的变化过程。孩子们在参与的过程中感受到收获的快乐与不易，了解到原来我们吃的红豆包、红豆粥等美食都是用这些豆子做的，知道豆子的营养价值。同时，孩子们知道我们吃的粮食都是农民伯伯用辛勤的汗水换来的，体会粮食的来之不易，在进餐的过程中更懂得珍惜粮食。孩子们在整个过程中，积极性很高，主动探索，丰富了经验，体会到探索的乐趣。

在整个过程中，我深深地感受到，教师要有一双善于发现的眼睛，及时捕捉到孩子的兴趣需要；教师要有一张善于提问的嘴，通过不断提问持续引发孩子探索的兴趣；教师要俯下身子倾听孩子的声音，了解其在活动过程中的需求，给予相应的支持；教师要善于发现和保护幼儿的好奇心，充分利用自然物和实际生活经验，满足孩子们的好奇心及探索欲望。

（刘亚健）

课程故事：葡萄藤下遇见"紫色精灵"

故事背景：

每到秋天，幼儿园的葡萄架附近就弥漫着淡淡的果香，那种香甜味儿沁人心脾。孩子们被这香甜的味道所吸引，伸出小手摸一摸像宝石一样的葡萄粒，抬头数一数成串的葡萄有多少颗，或低头看一看是谁把小葡萄咬下来掉在地上了。他们喜欢这圆溜溜的小葡萄，当然，他们最想做的还是品尝一下葡萄的味道。

《纲要》中指出：幼儿园应与家庭、社区密切合作，综合利用各种教育资源，共同为幼儿发展创造良好的条件。为了追随幼儿的兴趣，挖掘自然资源的最大教育价值，老师和孩子们共同与葡萄展开了一场美丽的邂逅，开展了主题活动"葡萄熟了"。该主题活动调动幼儿多种感官，鼓励幼儿通过观察、采摘、探究、艺术表现、手工制作等多种途径，充分与葡萄进行有趣的互动，在互动过程中体验参与劳动的乐趣，在探究过程中进行多元化的表达。同时，支持幼儿亲近大自然，激发幼儿对大自然及生活中美好事物的热爱之情。

一、闯入大自然的葡萄之旅

秋天到了，秋姑娘带来了美丽的丰收景象，幼儿园的葡萄架下成为孩子们最喜欢的地方，那一串串紫色的葡萄变成了孩子们眼中的"小精灵"。孩子们期盼着能够亲手采摘下来，品尝葡萄的美味。

终于要摘葡萄啦！孩子们主动寻找工具，他们从功能教室、隔壁班、户外找来了自己需要的工具，有剪刀、小推车、小篮子……然后欢呼着跑向葡萄藤。在摘葡萄时，孩子们有的用小剪刀剪葡萄梗（图 3-59）；有的用手拿着一根长长的竹竿，把一串串葡萄够下来；有的把葡萄藤拉过来；还有的把成熟的葡萄粒一粒一粒摘下来（图 3-60）。在摘葡萄时，孩子们遇到了困难和问题，但是在实践过程中，他们通过反复尝试、与小朋友和老师交流等方式，解决了遇到的问题。

图 3-59   图 3-60

在采摘过程中，孩子们不仅学会了使用工具，体会到了丰收的喜悦与满足感，而且感受到了四季变换带来的美妙感觉。

二、酸酸甜甜的味道

亲手采摘的葡萄是什么味道的呢？怀着满满的期待，孩子们带着"紫色精灵"来到盥洗室，想赶紧尝尝味道。淇淇洗好了第一颗葡萄，递给了身边的老师，老师疑惑地问："给我吗？"淇淇说："对，您照顾我们辛苦了。"老师品尝着美味的葡萄，说："真甜呀，淇淇给的更甜。"

当孩子们都在忙着洗葡萄时，轩轩一个人悄悄地来到活动室，将一颗紫色葡萄放进嘴巴里，目光正好和老师的目光相遇，轩轩不好意思地微笑，低着头走过来。老师宠溺地问："甜吗？"轩轩没有回答转身走了。不一会儿，他拿着一颗绿色的葡萄向老师走来，放到老师的手心。老师问："绿颜色的葡萄甜是吗？"轩轩说："我也不知道。"老师撒娇地追问："那绿色的甜还是紫色的甜啊，我想吃紫色的。"轩轩疑惑地对老师说："紫色的我刚才尝了，是酸的。"老师又追问："这绿色的甜呀？"轩轩说："我也不知道，我还没吃绿色的呢。"老师说："那我给你剥开你尝尝，看看这绿色的是酸还是甜好不好？"轩轩笑了，推回老师的手说："您尝吧，我怕酸（图 3 - 61）。"然后害羞地跑开了。

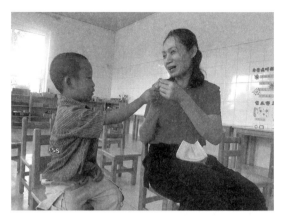

图 3 - 61

还有的小朋友把葡萄晒在太阳下，有模有样地说要做成葡萄干带回家给爸爸妈妈吃。幼儿通过品尝、观察、比较了解了葡萄的不同颜色、不同味道，分享了美味的葡萄，感受了分享的乐趣。

三、葡萄是怎么长大的？

葡萄是从哪里来的？葡萄籽能长成葡萄吗？带着这个问题，孩子们来到了农场。

小朋友们欢声笑语地讨论着："我知道，葡萄就是长在土里的。"

"那它们是怎样生长的呢？"

"我知道，种子长出新芽需要水和空气，长出新芽后，它要吸收营养生长。"

"它们通过自己的努力慢慢长大，等到秋天时结出果实，果实成熟就能吃了。"

接下来，孩子们准备了营养丰富的土壤，准备种葡萄了。

我向孩子们提出了一个问题："怎样种，小种子才能发芽呢？"

"给小种子浇水、晒太阳，小种子容易发芽。"

"不能一下浇太多水，小种子就淹死了。"

"不能用力摁小种子上的土，土松松的小种子才容易钻出来。"

孩子们都很兴奋，木木说："我觉得种葡萄其实非常简单。首先，我们要准备好种葡萄的容器，准备一些土壤和小石头，然后给它们浇水，最后将葡萄种子均匀地撒在土壤里就可以了。"小飞说："种子不能埋得太深，否则就会被泥土埋住了。我们还可以给葡萄施一些有机肥。最后要给它们浇水，让它们快快长大。"

孩子们将种子种下去以后，每天来园的第一件事就是给它们浇水，等待它们发芽（图3-62）。

图3-62

之后，孩子们又开始了一项重要而有趣的活动——认识葡萄藤。孩子们一起去观察葡萄藤有哪些组成部分，是如何生长出来的。

"它长得像草一样。"

"葡萄花开在藤上，花朵一般都很大，像一串一串的小葡萄。"

孩子们认识了葡萄藤后，一起去挖土、给葡萄藤搭建支架。在完成了这些之后，孩子们还去观察了其他植物都是如何生长出来的。

再回课堂后，我们引导幼儿通过观看视频、阅读图书等方式进一步了解葡萄的生长过程，了解"生命周期"的概念。

四、用葡萄小精灵作画

孩子们对于葡萄的喜爱之情溢于言表，把葡萄带到了班级的各个地方。在美工区，孩子们创作了很多以葡萄为主题的作品，如不同颜色、形状和图案的葡萄花、葡萄串、葡萄叶；用捣碎葡萄皮后的颜料来扎染服装；用水墨进行葡萄写生；在画葡萄时，用红色卡纸做基础造型，在上面贴上一层白色卡纸，用颜色叠加的方法画葡萄。孩子们在创作过程中有着天马行空的想象力，进行了丰富多样的艺术创作和展现（图3-63，图3-64）。

图 3-63

图 3-64

 活动总结：

　　幼儿时期是认知、语言和社会能力发展最迅速、最关键的时期。活动中，我引导幼儿通过品尝、观察、记录、分类、比较等多种方法来发现葡萄的外形特征和颜色。同时，结合绘画、制作等活动引导幼儿观察葡萄的外形特征，认识葡萄外皮上不同颜色的部分；通过对葡萄外皮颜色进行比较和分类，认识不同颜色的葡萄的特性及其对人体健康的作用。

　　《纲要》中指出：幼儿园教育应以游戏为基本活动，寓教育于各项活动之中。因此，在幼儿成长过程中，我们要引导他们从身边的小事做起，培养其良好的行为习惯。

（杨瑛）

课程故事："汉堡"的故事

故事背景：

　　5月初的一天，大班的逸逸哥哥把从家里带来的一只小鸭子放在了养殖区。小鸭子毛茸茸胖乎乎的样子，十分可爱。孩子们非常喜欢它，与它发生了一些特别有意思的故事。

一、可爱的鸭子

　　黄黄的、毛茸茸的小鸭子赢得了小朋友们的喜欢。除了每天来观察、照顾小鸭子外，孩子们还拿起了画笔，开展了写生小鸭子的活动。

　　这一天，孩子们拿着画板来到了养殖区，面对小鸭子开始创作。他们把小鸭子的体型、肤色、神情等画得惟妙惟肖。

二、鸭子也要有名字

　　"这个小鸭子还没有名字，我们给它起个名字吧！"这个话题引发了小朋友们的讨论。

大家开始思考小鸭子的名字，想出了小不点、黄黄、开心、汉堡、朵朵、摇摇等名字。最终通过投票，多数人觉得"汉堡"这个名字最好听。就这样，汉堡成为我们当中的一员。小朋友们还憧憬着要把小鸭子养大了下蛋呢！

三、小鸭子为什么嘎嘎叫

"老师，你听，小鸭子又在嘎嘎地叫了，它为什么老是叫啊？"懿泽提出了问题。热心的小朋友们也都围过来讨论："是不是想出来玩啊？""是不是哪里不舒服啊？""是不是吃得太少饿了啊？"那到底为什么小鸭子会不停地叫呢？

回到班里后，我和小朋友们进行了深入的探讨，并且准备了纸和笔，把孩子们的想法全部记录下来。讨论进行得很激烈，大家都有自己的想法。最后大部分小朋友认为小鸭子是因为没吃饱，所以才会不停地叫。

教师思考：在本次活动中，教师要思考怎样顺着孩子的兴趣去深入挖掘教育价值，怎样用语言激发出孩子更多的兴趣。在活动中，教师最大限度地给予孩子讨论的自由，认可每个孩子独特的观点，让每个孩子都觉得自己是被重视的，他们才是活动的提出者、参与者和实践者。

四、"汉堡"喜欢吃什么？

"汉堡"喜欢吃什么？

"喜欢吃蔬菜。"

"应该也喜欢吃肉。"

"小鸭子不喜欢吃肉，我奶奶家有鸭子，奶奶说鸭子爱吃菜。"

大家一致认同小鸭子爱吃蔬菜。

于是，我鼓励孩子们回家调研并收集小鸭子喜欢吃的食物，第二天一起分享。孩子们特别用心，有的跑去问自己的爷爷奶奶，有的请爸爸妈妈帮忙在网上查找资料，还有的去了饲养鸭子的邻居家亲自观察。看着孩子的热情如此高涨，我思考要在幼儿兴趣的基础上，就这件事原地画圆，不断扩大，使幼儿在与小鸭子的互动过程中不断积累经验，拓展提升。

怎么更细致地照顾小鸭子呢？为此我们制订了一个照顾"汉堡"计划表，每天有五位小朋友去照顾"汉堡"，包括喂菜、喂水等。就这样，按照计划，孩子们每天都在用心地照顾小鸭子。

孩子们带来了许多菜——胡萝卜、菜花、黄瓜、芹菜等。大家迫不及待地去喂"汉堡"。当把这些菜都放到笼子里的时候才发现，"汉堡"根本吃不进去整个儿的菜，只把芹菜叶吃了。

"老师，这是怎么回事呢？怎么让'汉堡'吃进蔬菜呢？"

孩子们仔细观察后才发现"汉堡"没有牙齿，他们马上就想到可以把菜切成小块。于是大家又收集小刀和案板。有了小刀和案板，"汉堡"吃上了美味的蔬菜（图3-65）。看着"汉堡"一口一口地吃着，孩子们激动极了，幻想着"汉堡"长大的样子。

图3-65

时间一天一天过去了，孩子们坚持每天给"汉堡"切菜、喂水、清理它的小窝，感情也越来越深。慢慢地，孩子们发现"汉堡"每天吃那么多，就是没有长个儿，还像刚来那天的样子，像个小宝宝。这时，老师引发了一次大调查活动"小鸭子吃什么长得快"。带着问题，孩子们去咨询爷爷奶奶，在父母的帮助下查阅《百科大全》等。最终大家得到了答案，鸭子是要吃饲料的，不能只吃蔬菜。同时，我们还得到了一位家长的帮助，他送给我们一大口袋饲料，还通过视频的方式教小朋友怎么给鸭子拌饲料。别看孩子们小，做起事来可有模有样，放上一勺饲料，加入适量的水，再放上切碎的蔬菜，一盆属于"汉堡"的美食就做好了。

慢慢地，菜园里的蔬菜也长起来了，"汉堡"更有口福了，孩子们到菜园里摘下新鲜的蔬菜给"汉堡"拌食吃。这样一来，"汉堡"的身体有了明显的变化，真的长大了一些。孩子们欣喜若狂，也体会到了妈妈照顾自己的不容易。

五、汉堡喜欢游泳吗？

又过了一段时间，在一次讲故事活动中，我们讲了小鸡和小鸭的故事，当时就有孩子提问："我们的小鸭子会游泳吗?"有的孩子说："不会,从没见过它游泳。"有的说："鸭子天生就会游泳的。"面对孩子们的争论,我们经过一番讨论后,决定亲自为"汉堡"建一座"游泳池"。于是,孩子们共同商讨建"游泳池"的步骤,第一步要先挖个坑,第二步往坑里灌水。想起来很简单,但是真正到了往坑里灌水的时候,孩子们发现水把坑两边的泥土都冲下来了,水池变成了泥坑。我向孩子们提问:"水把两边的泥都冲下来了,这下怎么办?"孩子们自己讨论,最终他们找到了塑料布,把塑料布垫在池塘里。可是新的问题又来了,塑料布总是往下掉。于是,孩子们又找来石头压着塑料布(图 3-66)。一系列操作后,"游泳池"终于建好了。孩子们打开"汉堡"的笼子,"汉堡"迫不及待地就跳进了"游泳池"。孩子们集体欢呼,高兴得又蹦又跳,原来,"汉堡"是会游泳的。

图 3-66

教师思考:《课程游戏化》中指出:幼儿园活动要追随孩子的兴趣,满足孩子的需要,能够吸引他们专注地投入活动中,激发和提升他们的兴趣,使活动更加有效,使幼儿获得更多的经验。通过这样一个简单的活动,孩子们学到了很多宝贵的经验,也印证了"兴趣是最好的老师"这句话。

六、遇见鸭蛋

一晃一个多月过去了。这一天,我们像往常一样去喂"汉堡",远远地看见鸭窝里有一个大大的圆圆的东西,走近一看,才发现竟然是一颗蛋!这下孩子们都沸腾了,"我们的小鸭子竟然下蛋啦!""汉堡"也大声嘎嘎叫,好像在和我们炫耀它的蛋。之后的很多天里,我们都收获了鸭蛋。为此,孩子们特意准备了一个筐,每次轮到谁去喂食就顺便把鸭蛋带回来。就这样,我们收获了满满一大筐的鸭蛋。鸭蛋越来越多，小筐就要装不下了，我提出了问题："鸭蛋越来越多了，我们要用它做什么呢？"孩子们你看看我，我看看你。康康说："鸭蛋可以煮着吃，我在家里就吃过煮鸭蛋。"晴晴说："我还吃过咸鸭蛋，裹着烙饼吃可香了。"孩子们兴奋地想要动手做一做鸭蛋美食。品尝过煮鸭蛋后，孩子们还想要尝试一下腌鸭蛋，于是孩子们开始了解腌鸭蛋的方法并搜集需要的材料。

第二天，孩子们拿着白酒、盐、玻璃缸来到了幼儿园，并分组进行腌鸭蛋活动。有的孩子清洗鸭蛋，有的孩子擦拭鸭蛋，有的孩子包膜，有的孩子倒水……孩子们分工明确，腌鸭蛋很快就做好了（图 3－67，图 3－68）。

过了一段时间，孩子们品尝到了靠自己辛苦付出收获的美食，兴奋不已、幸福不已……

图 3－67 　　　　　　　　　　　图 3－68

七、逃跑的汉堡

户外活动的时候，锐锐突然对我说："范老师，'汉堡'逃跑啦！"我们来到小菜园，发现"汉堡"正在外面散步呢。

"汉堡"怎么跑出来了呢？

暖暖说："会不会是它太孤单了？"

浩浩说："它就是嘴馋了，你看它吃得多香！"

紫熙笑着说："'汉堡'不会是被保安爷爷吓的吧！"听完紫熙的话，小朋友都哈哈大笑起来。"汉堡"到底为什么会逃跑呢？

我们来到"汉堡"的家寻找原因。

鹿源看了看，说："这里怎么空荡荡的？"

"它肯定是太冷了，"峻杰说，"睡在地上多不舒服呀！"

大家都觉得"汉堡"的家一点也不暖和，于是，决定捡好多的树叶送给

"汉堡"。

我们把树叶铺在了角落里，想看看"汉堡"会有什么反应。第二天，我们来看"汉堡"，发现树叶已经被它叼的到处都是。为什么会把树叶弄得这么乱呢？

纱纱说："是不是我们送给它的树叶太少了，'汉堡'想所有的地方都有树叶？"

晁谊说："也许'汉堡'不喜欢树叶。"

这时，峻杰提出了问题："'汉堡'到底是怎样过冬的呀？"我们没有养过鸭子，所以谁都不知道鸭子怎样过冬，于是决定去问问爷爷奶奶。

在爷爷奶奶的指导下，我们知道要进行人为的保护才可以让"汉堡"顺利过冬。我们可以在"汉堡"的房顶上铺上保暖的稻草，在笼子里铺上落叶或衣服，用塑料布将栅栏围起来，为它抵挡寒风。在了解清楚后，孩子们马上开始分组为"汉堡"过冬做准备。

收集稻草是一件很困难的事情。景浩提议："我们可不可以在屋顶上放树叶？""风一吹树叶就掉了，"峻杰说，"我们从网上买吧，可以让范老师来帮忙。"

稻草的问题解决了，接下来是制作塑料布。孩子们决定先把塑料袋剪开再粘在一起。开始行动的时候，暖暖发现了问题：一用力塑料袋就破了。

纱纱说："我们选一些结实的袋子吧！"

怎样挑选结实的袋子呢？

纱纱继续说："我们可以用力拽一拽，会破的就不结实。"

晁谊说："我觉得可以摸一摸，薄的袋子可以摸出来。"

鈊妍说："还可以拿起来看一看，透光的就很薄。"

在大家剪开袋子准备粘贴时，我问："你们怎么知道栅栏需要多大的塑料布呢？"

梦熙认为可以用尺子量一量，可是班里的尺子太小了。

晁谊看了看活动室，指着建构区说："我们可以用积木呀。"

几个小朋友来到了"汉堡"的家，开始测量栅栏。记录好后，孩子们再次回到活动区，合作将塑料布粘在了一起（图3-69）。

通过努力，我们终于把材料准备好。大家来到小菜园，将稻草席铺在屋顶上，在笼子里放上旧衣服，将塑料布粘好，还贴心地用轮胎固定（图3-70，图3-71）。"汉堡"的家终于变得温暖又舒服了！

图 3-69

图 3-70

图 3-71

扫码看绘本

教师思考：我们的故事从逃跑的"汉堡"开始，在了解到"汉堡"需要我们的帮助后，孩子们承担了不同的任务，也遇到了不同的问题。大班小朋友已经具备了自己解决问题的能力，于是我选择放手让他们尝试结合生活经验来解决问题。在帮助"汉堡"的过程中，孩子们不仅激发了爱护小动物的情感，提升了解决问题的能力，而且体会到了与小伙伴合作的快乐，感受到了成功的喜悦。作为教师，我也感受到每个孩子都是有能力的个体，我们应该相信孩子，追随孩子的兴趣，支持他们自主探索问题的答案，从而在活动中不断获得成长，感受到快乐。

活动总结：

《纲要》中提到：活动既要符合幼儿的现实需要，又要有利于其长远发展。站在儿童的视角，支持幼儿回归自然、回归生活、回归儿童，是我们一直以来的实践宗旨。在与"汉堡"的互动中，我们自然而然地看到"生活即教育"

"大自然、大社会都是活教材"的大课程观。孩子们在与小动物互动的过程中，激发出了与生俱来的责任感、好奇心和求知欲。他们在关心、照顾"汉堡"的过程中，不断地思考和动手尝试，在遇到问题时也能够积极地解决问题。教师在这一过程中是良好的支持者和合作者，支持幼儿的每一个想法，在幼儿遇到困难的时候适时给予引导，让孩子在活动中获得发展。

（刘梦佳，范鑫鑫）

课程故事：可以吃的韭菜花

故事背景：

又是一年丰收季，小朋友们来到了种植园。在这里，孩子们看到了五彩缤纷的花朵。其中一朵白色的像降落伞一样的小花吸引了大家的注意，小朋友们争相讨论。

"老师，这是什么花呀？"

乐乐："这是蒲公英吧，有白色的小花。"

洋洋："不是蒲公英，蒲公英可以吹起来。"

语嫣："这朵小花摸起来扎扎的。"

一博："我看到蜜蜂了，这一定是蜜蜂味的小花！"

洋洋："让我闻闻，我觉得闻起来臭臭的。老师，这是什么花啊？"

老师告诉大家这个像降落伞的花是韭菜花。

小朋友们就韭菜花展开了一番激烈的讨论。看到小朋友们对韭菜花这么感兴趣，我开始思考此次观察韭菜花的活动可以发展幼儿的哪些能力。参照《指南》目标，结合班内幼儿活动情况，我预设了以下目标：

1. 激发幼儿好奇心，支持幼儿在与自然的互动中，勇于提问，独立思考，动手动脑自主寻求问题的答案。

2. 用绘画的形式记录韭菜花的形态特征，表征与韭菜花互动的故事。

3. 尝试制作韭菜花酱，并尝试与同伴分工合作。

4. 体验采摘农作物和制作食品的艰辛，珍惜粮食。

本次活动从三方面展开：摘韭菜花、绘画韭菜花、好吃的韭菜花酱。

一、摘韭菜花

追随小朋友们的兴趣，我们开始采摘韭菜花，希望可以丰富小朋友们对韭菜花的感知和观察。小朋友们看着这些韭菜花，对它们充满了好奇，开始用手指触摸韭菜花。

乐乐："韭菜花真好看！我们要怎么摘下韭菜花呢？"

七月："我们不能用手去摘它，它会疼的。"

歆羽："我们可以像摘葡萄那样，用剪刀把韭菜花剪下来。"

九思："对，我们可以用剪刀。"

在小朋友们的一致同意下，我们准备好工具出发了。

小朋友们都在忙活着，有的小朋友开心地跟我分享他们的成果（图3－72，图3－73）。

图3－72

图3－73

九思："老师，快看我的韭菜花长不长？"

歆羽："老师，您看我好不好看？"

大家收集了很多韭菜花，送到伙房阿姨那里，这样就可以制作出很多美食了。

教师思考：兴趣是最好的老师。活动前，孩子们对种植园里的韭菜花十分好奇，对它产生了浓厚的兴趣。我及时抓住孩子们的兴趣，发散思维，培养他们思考问题的能力。孩子们在采摘韭菜花的操作活动中，感受到劳动的艰辛，在操作体验中尝试独自解决问题。前期的采摘活动让幼儿增加了对韭菜花的感知和观察，也增强了对绘画韭菜花的兴趣。

二、绘画韭菜花

把韭菜花摘下来之后，有的小朋友提出："我们一起来画韭菜花吧！"其他小朋友都说好。

琳琳："老师，我发现韭菜花上面还有绿色的小包。"

梓沐："我发现韭菜是绿色的。"

苗苗："我的韭菜是黄色的。"

小朋友们仔细观察了一番韭菜花，开始了他们的创作之旅（图3－74）。有的小朋友认真地用画笔在纸上勾勒，有的小朋友用彩笔为韭菜花涂上娇嫩的绿色，有的小朋友一边画一边观察韭菜花的形状……每个人画的都不相同，他们尽情地享受着画画的过程。

图 3 - 74

教师思考：著名教育家苏霍姆林斯基说过：手是思想的镜子，是智力才能发展的刺激物。在整个活动过程中，我一直追随幼儿的兴趣，探究他们感兴趣的问题，给予幼儿自主选择、独立思考、尝试表达的机会和空间。孩子们通过画画可以进一步认识韭菜花，提高动手能力，刺激智力才能的发展。

三、好吃的韭菜花酱

小朋友们把自己的绘画作品带回了家，和爸爸妈妈一起欣赏。通过家长的介绍，小朋友们才知道原来韭菜花是可以吃的，于是我们决定自己制作韭菜花酱。

我们来到实验乐园区域，首先把韭菜花洗干净，然后把韭菜剪掉，再分好类，最后砸韭菜花（图 3 - 75，图 3 - 76）。

图 3 - 75

图 3 - 76

畅畅："老师，您看我的韭菜花变得扁扁的啦！"

美溪："我都闻到韭菜味了。"

小朋友们分工合作，很快就把韭菜花酱做好了。

教师思考：大多数幼儿以自我为中心，缺乏合作意识，所以在活动中我格外注意培养幼儿的合作意识。幼儿在活动过程当中，好奇好问、协商合作、实践探究，在与韭菜花的互动中，不知不觉地丰富了实践经验，发展了实践技能。

四、《韭菜花的秘密》课程绘本

生动有趣的故事需要记录保留，孩子们用表征的方式记录下与韭菜花的故事，以便日常翻看、阅读和回忆。

扫码看绘本

 活动总结：

在这次活动中，我追随幼儿的兴趣，给予幼儿采摘、绘画及制作韭菜花酱的机会，通过幼儿的实际操作和体验，提升幼儿发现问题并尝试解决问题的能力。通过发现—采摘—观察—实践等环节，孩子们与韭菜花产生了有效的互动，增强了学习兴趣、创新意识和动手能力。

正如蒙台梭利所说："我看到了，我忘记了；我听到了，我记住了；我做了，我就理解了。"孩子们在观察、探索、实践中，使已有知识经验得到提升，根据生活经验与当前的兴趣探索到了更多韭菜花的秘密。在参与劳动的过程中，同伴之间互相交流、共同收获，感受到了劳动的快乐和喜悦。

（张胜美）

课程故事：你好，大南瓜

一、不经意间遇见你——南瓜

户外活动时，孩子们正开心地在甬道上玩着"打鸭子"的游戏，突然，可可停下了脚步，边指边大声喊道："你们瞧，那是什么？"

沐妍说："这你都不知道啊，那是南瓜。"

"怎么可能，那怎么会是南瓜呢？平时我见过的南瓜都是圆形的、黄色的。这个不是圆形的，也不是黄色的啊！"

硕硕说："那就是南瓜，南瓜和南瓜的种类不一样。这是另一种南瓜，和你见过的不一样。"

"刘老师，咱们一起去看看那个奇怪的南瓜吧？"

"你们都想去吗?"大家蜂拥而至。"走吧,老师,咱们一起去看一看。"

不看不知道,原来南瓜藤上有这么多南瓜。

"老师,南瓜的叶子是心形的。"

"老师,这个南瓜长得好长呀!"

"老师,南瓜的身上长了好多的小刺。"

"老师,南瓜是长在藤上的,弯弯曲曲的,就像一条蛇。"

"老师,南瓜长得好高啊,我们根本够不着。"

"那我们怎样才能够到它呢?需要什么工具吗?"

大宝说:"我们可以找一个长长的棍子。"

雨萌说:"我们可以找一个高高的梯子,爬上去就能够到南瓜了(图3-77,图3-78)。"

话音刚落,孩子们就走在了寻找工具的路上。

图3-77

图3-78

二、南瓜"走"进中五班

费了好半天的劲儿,梯子找来了,棍子也找到了,甚至大门口的保安爷爷都被请来了,又大又长的南瓜终于摘下来了。那么,问题来了:南瓜这么大、这么长、这么重,我们怎样才能把它运回班呢?

远远说:"我是哥哥,力气大,我来把南瓜拿回班吧!"但刚走了没几步,就看他双手费力地抠着大南瓜,嘴里还喃喃自语道:"这个南瓜真的好重呀,我都快搬不动了!"很多小朋友听到后纷纷跑过去帮忙,但搬了一段路之后就有两个小朋友摔倒了。雨萌说:"大家一起搬南瓜,人太多、太挤,根本看不见路,很容易摔跤,这可怎么办呢?"

"我们想一想还有什么更好的办法,既不摔跤又能把南瓜搬回去呢?"

小雨说:"我们可以玩一个南瓜接龙的游戏。我们就是一列小火车,一节车厢挨着另一节车厢，你传给我，我传给他，他再传给她，这样一直传下去，直到把南瓜传到咱们中五班就可以了。"在传南瓜的过程中，孩子们再次感受到南瓜真的又长又大又重。

有的说："南瓜好重啊！比我的小妹妹还重！"

有的说："南瓜的皮滑滑的、硬硬的，一点都不好抓。"

有的说："南瓜好长啊，根本不好拿。"

"那要不然，咱们再想一个更好的运输办法？"

言言说："我们可以轮流用小车推着它，这样我们就能省力气了。"

说着，小朋友就把小车推到了眼前。很快，南瓜就非常顺利地"走"进了中五班。

三、南瓜肚子里的白瓜子

将南瓜运回班之后，孩子们决定把南瓜放在植物角，方便进行照顾。有一天，瑶瑶从家里带来了不同形状的南瓜，可是在路上不小心把南瓜摔坏了。

南瓜肚子里的白色南瓜子引起了孩子们的热议，因为生活在农村，他们也有着很多的经验，大部分孩子都知道将南瓜子洗一洗、晒一晒、炒一炒就能吃了。还有的小朋友知道南瓜子可以当种子。在相互交流中，孩子们丰富了更多关于南瓜的经验（图3-79）。

图3-79

四、甜甜的南瓜

提到南瓜，孩子们第一个想到的就是南瓜的美食了，南瓜能怎么吃呢？

大宝说："我非常喜欢吃南瓜，软软糯糯的，像棉花糖一样，吃到嘴里就化了。"

老师问："孩子们，那你们都吃过什么南瓜美食啊？"

有的说："我吃过南瓜粥。"有的说："我吃过南瓜饼。"还有的说："我吃过厨师阿姨用南瓜蒸的发糕。"

"孩子们，还有其他的吃法？"

雨萌说："还可以晒干，留着以后吃（图3-80）。"

"孩子们，那你们想吃这个南瓜吗？想怎么吃？"

孩子们大喊："想吃！"

经过一系列讨论之后，孩子们对南瓜粥非常感兴趣。

"那我们要怎样请厨师阿姨帮咱们做南瓜粥呢？"

大成说："厨师阿姨，您能帮我们做南瓜粥吗？谢谢您。"

随后，几个孩子迫不及待地将南瓜抱到厨房去，走到门口互相鼓励着彼此，鼓起勇气对厨师阿姨表达了自己的想法。晚餐时间到了，孩子们终于如愿以偿地喝上了南瓜粥。他们边

图3-80

大口喝着边分享自己的感受："南瓜粥真好喝。""软软的，特别甜。""真想每天都能喝南瓜粥啊！"品尝后，班里还剩下好几个南瓜，孩子们说："好吃的东西要懂得分享，拿给辛苦的厨师阿姨吧，还可以分享给小朋友们。"

五、《大南瓜》儿歌绘本

孩子们用绘画的方式记录下南瓜的故事，还一起创编了朗朗上口的小儿歌，并以绘本《大南瓜》的方式呈现，保留了属于他们自己的美好回忆。

活动总结：

一个南瓜带给孩子们无尽的欢笑与收获。孩子们在大自然的回馈中积极地运用多种感官动手动脑、主动探索、发现问题、勇于尝试，体验丰收的喜悦、食物的美味、探究的乐趣。著名教育学家陈鹤琴说过：大自然、大社会都是活教材。当看到孩子们在自然游戏中全情投入、充满能量、心无杂念、开心快乐地玩耍时，老师做到了真正地放手、完美地退步，使孩子真真正正地在游戏、在体验。这是一次难以忘怀的与南瓜的偶遇，我们都更加期盼未来的每一天，在自然中

扫码看绘本

和孩子共同探究、成长与收获！

（刘婷婷）

 课程故事：甜甜的小麦

故事背景：

长沟镇地处城镇，农用占地面积越来越少，农作物小麦也越来越少，大多数幼儿甚至都没有见过。为了丰富幼儿对农作物的认识，幼儿园在小菜地里种植了小麦。

开学后，幼儿对小麦特别感兴趣，每天都去观察（图3-81）。有一天早晨，幼儿发现小麦上长出了许多的小粒粒，由此引发了讨论。

图3-81

瑶瑶说："老师快看，小麦怎么长了这么多小粒粒，这是什么啊？"

大泽说："老师，这个我们能尝一尝吗？"

子宁说："能吃，我奶奶家种过小麦，我哥哥还用炉子烤着吃呢，味道可香了。"

云翼把小麦粒放进了嘴里，说："这小麦真的能吃，而且有点甜甜的、软软的。"

一轩说："我觉得这个像麦片的味道，我在家冲牛奶的时候就放麦片。"

彤彤说："像我吃过的一种饼干的味道。"

大泽说："我这个为什么跟你们的不一样，不甜呢？"

成成说："你那个有点黄，你得找青青的麦粒，那个才甜。"

子宁说："小麦还能烤着吃呢！明天我把烤串炉子带过来，咱们试一试。"

在这一次偶发活动中，我追随幼儿的兴趣，给予幼儿品尝的机会，通过幼儿的实际操作和体验，提升幼儿发现问题并尝试解决问题的能力。

在品尝完小麦粒后，孩子们更期待它成熟的样子。

一一说："老师，小麦熟后是不是就是麦片啊？"

程程说："老师，小麦成熟后是不是就会变成咱们烤熟的颜色啊？"

阳阳说："老师，小麦成熟后都能做什么啊？"

那么小麦成熟后到底会变成什么样子呢？看到小朋友们对小麦这么感兴趣，我也在思考小麦的活动可以发展幼儿哪些能力。参照《指南》目标，结合班内幼儿活动实际情况，我预设了以下几条目标：

1. 对自己感兴趣的问题喜欢刨根问底，能动手动脑寻找问题的答案。

2. 通过观察、比较、分析，发现小麦成熟前后的变化。

3. 在成人的帮助下制订简单的调查计划并执行，能用图画的形式记录。

4. 能观察到植物的外形特征与生存环境的适应关系，并能探索和发现小麦变黄的条件和影响因素。

5. 活动时能与同伴分工合作，遇到困难能一起克服，并能主动在活动中出主意和想办法。

6. 在活动中体验劳动的艰辛，懂得珍惜粮食。

一、小麦变黄了

（一）小麦变黄的原因

品尝小麦之后，幼儿更加期待小麦成熟，每天都去观察小麦颜色的变化。通过调查，孩子们了解到因为光照时长不一样，所以小麦的颜色也会有所不同。

（二）写生小麦

在每天观察小麦变化的过程中，幼儿又有了新的发现。

彤彤说："麦穗上有尖尖的刺，像针一样，扎一下特别疼。"

瑶瑶说："黄色的硬，绿色的是软的。"

一一说："那个尖尖的刺就像刺猬身上的刺一样，是小麦为了保护自己不被小鸟吃掉。"

城硕说："成片的小麦像在地上铺了一块黄色的地毯。"

佳逸说："小麦被风一吹就像女生的长头发。"

由此引发了幼儿写生小麦的活动。由于前期幼儿对小麦有着充分的感知和观察，因此幼儿绘画的小麦栩栩如生，还表现出绿色、黄色的小麦以及阴影的部分。

二、收小麦啦

芒种到了，我们该收小麦了。孩子们在收小麦、晒小麦、脱粒等操作活动中感受到劳动的艰辛，在操作体验中尝试独立解决问题。

（一）收割小麦

在等待小麦成熟期间，幼儿展开了大调查：收割小麦需要什么工具？怎么收割？收割完之后的小麦怎么处理？

阳阳说："可以用收割机收割小麦。"

左左说："奶奶说可以用镰刀收。"

一一说："可以用手拔。"

针对幼儿的方法，我进行了追问："我们到底使用什么样的方法呢？"

硕硕说："收割机进不去，肯定不行，我们用镰刀或者手。"

于是，在小麦成熟后，孩子们先尝试用手拔，但是土太硬了，根本拔不动。然后教师针对镰刀的使用方法及注意事项进行了讲解，最后幼儿带着镰刀收割小麦（图3-82，图3-83）。

在收割过程中，幼儿自主分成了几组：有的负责借塑料布并找适合晾晒的地方；有的负责割小麦；有的负责将割好的小麦收集好。在收割小麦的时候，李云翼说："小麦地里和地上都掉下来一些小麦，我们都要捡起来，不能浪费，我们要珍惜粮食，要记得袁隆平爷爷的话。"在亲身体验中，孩子们真正地感受到了农民伯伯种地的辛苦。

图3-82

图3-83

（二）晒小麦

由于收割的小麦还有点潮湿，幼儿找到幼儿园阳光最充足的地方晾晒小麦

（图 3 - 84）。小值日生每天都会给小麦翻翻身，而且特别关注天气预报，遇到下雨的时候，幼儿会主动想到把小麦收起来。

图 3 - 84

（三）脱粒

小麦晾晒完，孩子们想了很多给小麦脱粒的办法。

德轩说："用手搓。"芊墨说："用石头砸。"嘉伟说："用棍子砸。"一一说："用脚踩。"心心说："爷爷奶奶把麦子放到马路上，让车轧。"

于是孩子们在幼儿园寻找合适的地方。他们发现老师的停车场总是有汽车经过，就把麦子放到了停车场，让来往的车辆碾压小麦。两天以后，幼儿发现小麦还是最开始的样子，没有车轧过。原来是我们把小麦堆得太高了，车都绕着走。于是幼儿把小麦都摊开，还主动找到开车的老师们说："我们需要您的车轧一轧小麦。"经过几天的汽车碾压，小麦基本全部脱粒。

在脱粒的过程中，幼儿能够主动地发现问题并解决问题，善于思考和观察，主动与教师进行沟通和交流。

（四）筛小麦

给小麦脱完粒了，但是麦粒上还有许多麦皮。这么多的麦皮怎么办？这时候一个小朋友说："咱们筛筛吧。"于是孩子们开始寻找适合筛小麦的工具。他们利用区域活动的时间，和老师一起制作了筛子，同时从家里、班级里找到适合筛麦子的工具。

在筛麦子的时候，孩子们自由组合，有的用工具抖麦子，有的拿着扇子或用自己带着的电风扇吹麦皮（图 3 - 85～图 3 - 88）。在这个过程中，他们遇到了很多问题并主动想办法解决，如为了加大风力，开始一个人扇风，后来两个人一起扇风。

图 3 - 85

图 3 - 86

图 3 - 87

图 3 - 88

　　刘宇航向我求助："老师，没有筛麦子的工具了。"我说："你可以试试其他工具啊。"他说："就还有扇子了，那个不能筛啊。"我说："能不能筛，你可以试一试。"

　　起初，宇航用扇子筛麦子，结果麦子掉落一地。于是，我拿起一把扇子，在旁边用簸的方法把小麦皮都簸了出去。宇航学着我的样子，小心翼翼地尝试着。小麦皮就像小蝴蝶一样飞了出去，宇航原本不开心的脸上开始慢慢露出了笑容。他说："嘿，原来这个扇子也挺好用啊！"

　　在这个活动过程中，孩子们遇到问题能够自己寻求解决问题的办法，是学习、探索与成长的过程。

三、小麦大变身

（一）神奇的麦秆

1. 神奇的麦秆。

收完小麦后还有许多的麦秆，那么麦秆接下来能做什么呢？

一一说:"麦秆能编小筐。"

大宝说:"麦秆能装饰班级环境。"

乐乐说:"我们和妈妈出去吃饭的时候,农家院门口就有一个,做成了小房子。"

我请幼儿欣赏了莫奈的《草垛》。乐乐说:"老师,农家院门口就是这个。"

浩宇说:"老师,我们也搭一个草垛吧,就放在东楼阳光棚。"

老师说:"这个怎么弄啊?"

浩宇说:"这个简单,就跟我们搭帐篷一样。"

于是,幼儿分工合作,有的搬运麦秆,有的捋麦秆。在大家的齐心合力下,草垛终于完成了。

那么剩下来的麦秆还能做什么呢?由于幼儿已经有用废旧纸张编织小垫子和小筐的经验,因此他们就用剩下的麦秆编织了小筐和垫子。

2. 禁止焚烧麦秆的宣传。

幼儿在上学路上发现许多人在麦地里焚烧麦秆,产生大量的浓烟,空气中都是浓烟的味道。有的幼儿说如果走得慢,浓烟就会让自己的眼睛流泪,每次路过有浓烟的地方都会飞快地跑过去。幼儿想对这些成人进行劝阻,因此主动利用区域活动时间,将焚烧麦秆的危害画了下来,并以小组的形式利用离园时间向家长进行宣传(图3-89)。

图3-89

(二) 麦子变白面

1. 磨面粉。

怎么将脱好粒的小麦磨成面粉?用什么工具呢?幼儿首先想到的是自然体验区的石磨,但是经过操作发现,石磨只能磨少量的面粉,而且需要很长时间。幼儿回家向家长进行了解，知道了长沟北良有一个面粉厂。幼儿在老师和家长的带领下来到面粉厂参观。幼儿主动向面粉厂的工作人员了解小麦是怎样磨成面粉的。因为幼儿收集的小麦数量太少不能单独用机器磨，所以工作人员提议将小麦与现有的面粉进行兑换，幼儿很愉快地同意了。同时，正好赶上面粉厂的机器制作面粉，幼儿实地参观，感叹机器的神奇和方便。最后，幼儿拿着沉甸甸的面粉和麦麸，开心地回到幼儿园。

2. 面粉艺术。

婉瑶说："老师，这些面是不是可以做成各式各样的小动物啊，就像橡皮泥一样？"由此，根据幼儿的兴趣，我们开展了制作面塑的系列活动。

老师让幼儿欣赏陕西的面塑文化，拓宽幼儿的认知，从而激发幼儿制作面塑的兴趣。幼儿在和面的过程中，发现水放得有点多，面特别稀不能成型，在反复的尝试和调整中，幼儿掌握了加水量，最后捏出了一个个栩栩如生的作品。

3. 麦麸的作用。

小麦加工成面粉还会产生副产品——麦麸。那么麦麸可以做什么呢？幼儿园里养着一只鸭子和一只兔子，每天小值日生都会利用区域活动的时间主动给小动物做饭。大家都想到麦麸可以用来喂小动物，于是将大家收集的菜叶和麸子搅拌在一起喂小动物。

活动总结：

整个活动从幼儿的兴趣出发，探究他们感兴趣的话题，给予幼儿自主选择、善于思考、敢于尝试的机会和空间。在这个过程中，我和孩子都有了转变：从教师设计活动，到由幼儿问题引发活动；从关注课程活动本身，到关注幼儿的发现、收获。幼儿在活动过程当中，情绪愉悦、好奇好问、充满自信、协商合作、实践探究。在此过程中，幼儿的学习品质得到了转变，教师的课程观也得以清晰和转变。

（郭蒙蒙）

 **课程故事：爱心义卖**

故事背景：

长沟大集源于汉代，历史悠久。幼儿园地处长沟大集附近，每次大集的热闹场景都吸引着幼儿的目光。每次和爸爸妈妈逛完大集，孩子们都滔滔不绝地和同伴分享自己遇到的趣事，想要买卖东西的欲望更加强烈，于是在幼儿的商

讨下，班级设置了交往区"点点超市"。

幼儿可以用在一日生活中获得的小贴画换"钱"（一个贴画换取一元，"钱"是幼儿自制的），换取的"钱"可以在"点点超市"里买自己需要的东西。但是超市卖东西挣到的"钱"可以做什么用？这引发了幼儿的讨论。

佳佳说："可以用来向其他区进货用，这样大家都有钱买东西。"

艺涵说："我们可以用这些钱给山区的弟弟妹妹买东西。"她的话引起其他幼儿的共鸣，大家都争先恐后地说着自己对山区的认识。

有的说："山区很远，买不到东西。"

有的说："山区孩子的爸爸妈妈不在家。"

有的说："山区孩子没有衣服穿。"

有的说："他们那里很穷，没有饭吃。"

这时候，我提出了一个问题："我们买东西需要真的钱，我们怎么将点点超市的'钱'变成真的钱，去帮助山区的弟弟妹妹们呢？"这时候俊熙说："我们可以将自己做的东西卖给幼儿园的老师和家长，他们有真钱，这样我们就可以帮助山区的弟弟妹妹了。"紧接着我又进行了提问："我们做的什么东西可以卖给老师或者家长，并且让他们愿意买？"孩子们都争先恐后地说着。有的说："卖我们串珠子区做的项链、手链、钥匙扣。"还有的说："卖我们画的画。"

参照《指南》目标，结合班内幼儿活动的实际情况，我预设了以下几条目标。

1. 通过制作义卖材料，促进幼儿思维及小肌肉动作的发展。

2. 活动时能与同伴分工合作，遇到困难能一起克服。

3. 了解康复中心幼儿的状况后，能给予力所能及的帮助，感受帮助他人所带来的快乐。

4. 能够认真负责地完成自己所接受的任务，并与同伴协商制订游戏和活动规则。

5. 能通过实物操作或其他方法进行 10 以内的加减运算。

本次活动从四方面展开：准备爱心义卖活动、爱心义卖活动开始啦、为托管中心幼儿准备物品、新年爱心连线。

一、准备爱心义卖活动

（一）为活动起名字

当孩子们确定把卖完东西的钱给山区弟弟妹妹买东西后，我们开始为这次活动起名字。

诗雨说："我们就叫点点超市。"

俊熙说："不能叫超市，不热闹，我们叫大集。"

佳佳说："我和爸爸之前参加过他们单位的一个活动，也是献爱心的，叫义卖。"

我说："义卖这个词很好，我们活动挣来的钱也是献爱心的，那我们叫什么义卖呢？"

文琪说："叫大一班义卖。"

鑫源说："幼儿园义卖。"

佳佳又说："我们是献爱心，我觉得叫爱心义卖。"

我们针对孩子们起的名字进行了投票，最终确定此次活动叫"爱心义卖"。

（二）联系康复托管中心

孩子们最开始是想给山区的弟弟妹妹送爱心，但是其实我们身边也有很多需要我们帮助的人，于是我联系了通州的"北京智兴博悦康复托管中心"。那里的孩子都是因为身体疾病被爸爸妈妈遗弃的孩子，黄校长收留了他们，还给他们更好的生活和医疗条件。她的爱心之举被社会上更多的人知道，不同行业的人都尽自己的力量献出爱心。在与黄校长取得联系后，她很感激幼儿园孩子们的爱心并且愿意接受孩子们的爱心。当孩子们了解了情况后，更坚定了举办这次活动的信心。

（三）分工合作，制作爱心义卖的物品

我们做什么物品才能让小朋友、家长和老师愿意去买呢？

肖荣说："我们做的东西得结实，不容易坏。"

硕硕说："我们做的要好看。"

义义说："我们要做得好玩，平时能用到。"

我说："那我们做什么呢？"

佳佳说："平时我们在串珠区做的项链、手链、发卡、钥匙坠都可以卖。我们都是按规律串的，也好看。"

涵涵说："我们美工区最近在织围脖、小垫子，这些也可以卖。"

俊熙说："我们一直在科学区玩陀螺，我们可以自制一些当玩具卖。"

恬伊说："图书区做了好多的皮影，我们可以讲皮影故事，卖皮影。"

我说："那我们的东西是要多的，还是少量的？"

孩子们异口同声："越多越好。"

于是，孩子们自由组合，每组推选一名小组长，带领着组员利用区域活动时间准备爱心义卖的物品（图 3-90，图 3-91）。由于物品都是幼儿手工制作，速度慢，因此物品的数量没有很多。在与幼儿商讨后，幼儿决定也将自己家里不玩的、完好的、干净的玩具拿过来进行义卖。

图 3-90　　　　　　　　　　　　　　　　图 3-91

（四）商讨"爱心义卖"游戏规则

由于幼儿的认知水平有限，我们决定在义卖中尽量使用一元纸币，所有的物品定价不超过十元。每组幼儿给自己制作的物品确定了价格。我们还让幼儿去超市购物的时候细心观察物品的价签设计，同时教师出示以往幼儿园跳蚤市场活动中物品的价签设计。最终幼儿利用区域活动时间将自己负责的物品价签制作完成。在分享组内价签的时候，睿睿说："我们买东西都有袋子，我们的爱心义卖没有准备袋子。"有的幼儿说："我家有好看的袋子，我能带过来。"桃子说："我们可以制作袋子啊！"桃子自告奋勇回家学习，第二天教小朋友。在区域活动和安静活动的时候，有的幼儿和桃子学，有的幼儿看着 iPad 学，最后制作出了许多精美的手提袋。孩子们还通过收集各式各样的盒子制作了首饰盒。

（五）场地的选择和布置

我们在哪进行爱心义卖的活动呢？有的说："在做操的地方。"有的说："在我们班。"有的说："在阳光棚。"我说："我们要考虑天气情况及场地是否宽敞，不要有其他的障碍物。"这时候晨晨说："在亲子厅，那里地方大。"通过投票，大家一致认为亲子厅最合适。于是我们来到了亲子厅，当时亲子厅有很多的桌子和椅子，有的幼儿说可以直接用这个桌子，有的幼儿反驳说："不行，桌子窄，我们的东西装不下，而且人多容易撞伤人。"在经过现场考察后，大家最终决定将桌子椅子都搬走，用布代替桌子。在布置的时候，孩子们齐心协力，将桌子和椅子整齐地摆放在一边，根据之前的分组，将自己负责的小场地布置好，先布置完成的组还会跑到别的组去帮忙。当首饰组摆完后，孩子们说："郭老师，我们真的是太富有了，我们活动区做了这么多首饰啊！"这时候有幼儿说："我们还缺少测体温的人，疫情防控期间，体温高的人不能进来买东西。"但是这个时候，没有人愿意承担测体温的工作，因为每名幼儿都想参与义卖。一会儿，桃子和沐晓自告奋勇承担测温工作。我说："那你们的摊位怎么办？"桃子说："没事，我们先测体温，我们组还有其他人。"佳明说："我们这儿要是先卖完，我就去替你。"我被他们的举动所感动，这么小就有了集体意识，能够互相帮助，我想这样的感情真是难能可贵。

（六）"爱心义卖"活动宣传

一切工作准备就绪，怎么能让更多的人知道这件事情，让他们在 12 月 30 日下午来买东西呢？有的幼儿说："可以用大喇叭宣传。"有的说："可以发传单。"有的说："做宣传海报。"幼儿根据意愿从家中收集了海报和传单。在了解了什么是海报和传单后，幼儿自主设计宣传海报和传单，并将宣传海报张贴在幼儿园人员来往的地方。有的小组还来到户外向小班和中班的弟弟妹妹宣传（图 3-92）。家长们认可和支持这样的爱心活动，为孩子们准备好了零钱。

图 3-92

二、爱心义卖活动开始啦

终于，爱心义卖活动在《喜洋洋》欢快的背景音乐下开始了，所有摊位的幼儿准备就绪。时间还没到，小班的弟弟妹妹就提前来到亲子厅。两个测体温的幼儿也已经就位，他们说："郭老师，他们都提前来了，就开始吧，外面冷，别冻着他们。"我说："你们想得真是太周到了，当然可以。"场面一下子就热闹起来了，每个摊位的幼儿都在卖力地介绍自己的物品，吸引别的幼儿来这里买（图 3-93）。买到心仪物品的幼儿，满脸流露出喜悦之情。让我印象最深刻的是，老师想和孩子砍砍价，孩子说："老师，我们这个不砍价，我们挣的钱不是自己花，是献爱心的，希望您能献出自己的爱心。"

先售卖完的幼儿赶紧跑到别的摊位帮着卖。春联卖的最慢，于是白恬伊走到人群中说："我们的春联都是自己创编的，就这一个，大家快来买。"在他的卖力推销下，春联很快销售一空。

在老师和孩子们的大力支持下，我们准备的所有物品全部售空，孩子们的小包已经装不下赚到的钱了。每个孩子的脸上都露出了成功的喜悦。在孩子们的共同努力下，一共赚到 1 237.5 元。

活动结束后，孩子们对这次活动进行了分享。李文琦说："我们这次还是没有准备好，人太多了，下次我们要发入场券。"鲁宸硕说："我这次太开心了，我觉得如果我遇到困难，也会有这么多人帮助我。"

图 3 - 93

三、为托管中心幼儿准备物品

我们与托管康复中心的黄校长取得联系，了解到他们缺少洗护类的用品。幼儿代表来到了母婴店，主动将自己的需求和店员阿姨进行了沟通。阿姨很热心地帮助孩子们拿质量较好的牙刷、牙膏、洗发液、沐浴乳、擦脸油和身体乳。当收银员正在一张张数钱的时候，一位阿姨走进来说："你们干吗呢？"佳佳说："我们是长沟镇中心幼儿园大一班的孩子，我们是来为献爱心活动买东西的，寄给通州康复托管中心。"阿姨说："你们真棒！都是有爱心的孩子。"然后对收银员说："你们就别一张张数钱了，这是幼儿园老师，还能骗你们。我们也一直想要献爱心，但是店里忙，一直没有时间。"原来这位阿姨是这家店的老板。我向她展示了孩子们手工制作的物品，她连连称赞说："你们真是太棒了！"一会她拿出一个大袋子，里面装了许多的消毒水和免洗洗手液，说："让我们也献献爱心。你们这样的活动真是太好了，我要感谢你们给我这个机会。"机缘巧合中，一位同事发给我一个抖音视频，就是这家店的老板制作的，她将孩子们在店里购买献爱心物品的照片及自己的感受制作成视频发到网上，得到了许多人的称赞。圆圆的妈妈经营着快递业务，从活动的开始就要主动承担物资的运输工作。我想，做好家长工作不需要过多语言，让他们主动参与到活动中，愿意成为其中的一员，看见孩子的成长是最重要的。我也在思考，一个活动，我们能带给孩子能力的提升，同时得到家长和社会的认可，也是至关重要的。很多家长和社会上的人认为幼儿园的老师和孩子就是玩游戏，什么都不学，对于孩子不会有很深的影响，但是就是这样一个活动，让家长和社会对幼儿园有了重新的认识。

四、新年爱心连线

新年就要到了，孩子们的爱心礼物也送到了，每个幼儿都有想说的话。于是，我们连线了黄校长，孩子们通过视频向黄校长和康复托管中心的孩子们送上节日的祝福，还通过视频参观了康复托管中心。最后，孩子们为康复托管中心送上一首《小星星》，希望在冬天能够带给他们温暖。通过这次视频连线，有的孩子说："我觉得我现在很幸福。"有的说："我以后不能气爸爸妈妈。"还有的说："我要爱吃蔬菜，坚持锻炼，有个好身体。"

活动总结：

本次活动从追随幼儿的兴趣开始，教师给予幼儿材料和环境上的支持，并为幼儿提供自主选择的机会。每一个活动都是由问题引发，鼓励幼儿自主发现问题和解决问题。幼儿在活动过程中，情绪愉悦、好奇好问、充满自信、协商合作、共同学习、互帮互助，懂得尊重、理解和感恩。孩子们在活动中成长了、发展了、自信了，在爱与被爱的过程中感受温暖，体会爱的传递。

（郭蒙蒙）

 课程故事：我们一起造小船

一、折纸船

小水池改造完成了，老师和孩子们一起讨论：我们可以在小水沟玩什么游戏呢？"我们可以折个小船放在里面玩。"一个小朋友的提议立刻得到了大家的认可。于是，孩子们找来许多报纸开始折纸船。

"怎样折纸船呢？"有的小朋友遇到了困难。这时，琪琪从美工区拿过来一

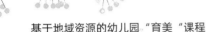

本《折纸大全》，说："书上面有，我们可以一起看图学着折。"

　　纸船折好了，孩子们兴奋地放下水，可是船很快就被水浸湿了。"要是有不怕水的纸就好了。"孩子们发出了感慨。于是，孩子们又开始寻找"不怕水"的纸。最终，他们决定用挂历纸、牛皮纸、打印纸和包装纸来试一试。

　　"试航"开始了，孩子们目不转睛地观察着。他们发现用牛皮纸和包装纸折的小船坚持的时间比较长，但最终还是会被水浸湿，特别是包装纸，虽然有塑料膜的一面靠近水不会很快浸湿，但是，如果折的时候折痕没有压好，反而会很快散开。

二、探究：制作不同的立体小船

　　"我们还有别的方法做一个立体小船吗？"在孩子们困惑的时候，老师提出了问题。

　　"纸盒不就是一个立体的小船吗？"

　　"我之前看视频里说可以把吸管缠在一起。"

　　"我用橡皮泥也可以做一个小船，上面还可以有旗子。"

　　"我可以把饮料瓶做成小船。"

　　"我们可以用泡沫盒子做小船。"

　　……

　　孩子们纷纷发表自己的看法并通过各种方法制作了立体的船，有纸盒船、吸管船、橡皮泥船和饮料瓶船。他们兴高采烈地拿着自己做的立体小船来到小水池，没过一会儿，一个个求救的声音便传过来。"老师，快救救我的纸盒船，它好像湿了。""哎呀，我的吸管船散开了。""我的橡皮泥船翻了。"

　　回到活动室后，孩子们在一起讨论着刚才的经历。

　　教师："你们觉得这些材料适合做船吗？这些材料做出的船有什么优点和缺点？"

　　"纸盒船遇到水也会很快湿透，但是做起来很方便。"

　　"橡皮泥船做起来比较方便，但是船身捏不好就会翻。"

　　"吸管船总是开，怎么插也不太结实。"

　　"我的饮料瓶船做起来比较麻烦，但是还算结实。"

　　"用泡沫盒子做小船最好了，中间还可以挖空放东西，就是挖不好容易漏。"

　　……

　　在探究哪些材料适合用来做船之后，孩子们又进行了一次探讨：除了选材，做能入水的船还需要满足什么要求呢？最后，形成了以下思维框架（图3-94）。

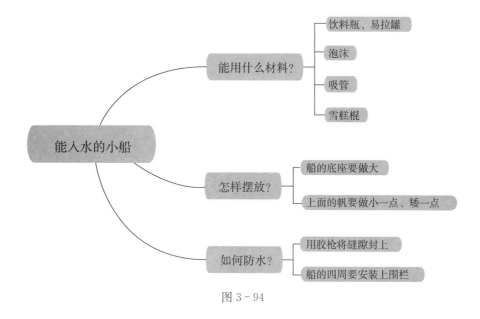

图 3 - 94

通过做船的经历，幼儿了解到，除了材料，还需要考虑如何让船不倾斜，在水中保持平衡。这时，幼儿观察到实际生活中的船底座大，于是提出底座大、船舷矮一点的要求。

当幼儿将能浮在水面上的船制造出来后，又引发了新的探索。幼儿把自己做的船放在水面上，依依立刻大声喊道："我的船动起来了，哈哈哈！"然后对着自己的船用力地吹气，船缓慢地动了起来。其他孩子看见也跟着模仿起来，一时间小船都向前飘着。没一会儿，依依吹累了，大声地抱怨道："好累呀，我们坐船的时候也没有人在后面吹气呀，能不能让船自己动起来？"

三、探究：怎样让船自己动起来

根据幼儿提出的问题，老师查阅了相关资料，并向幼儿做了介绍。通过老师的介绍，幼儿了解到船的常见动力来源有水流、风、划桨、螺旋桨、电力这五种。不同类型船的动力也是有差别的，例如，乌篷船是靠船桨来前行的，因此需要花费大量的人力；帆船主要靠风力来前行，因此遇到恶劣天气的情况就不能出海……

"用什么方法能让船自己往前走呢？"带着这个问题，幼儿寻求了家长的帮助。家长和幼儿一起上网寻求解决的办法，于是橡皮筋船诞生了。橡皮筋转动带动螺旋桨，小船就会自己向前跑。

四、探究：怎样让橡皮筋船跑得更远？

小船动起来了，孩子们又有了新的问题：怎样能让橡皮筋小船跑得更远呢？通过实践操作，幼儿总结出了一些方法：橡皮筋多次使用后，弹性就会变小，要及时更换新的；一根橡皮筋的动力比较小，可以多用两根橡皮筋，保证动力充足；橡皮筋拧动的圈数越多，小船就会走得远一些，但是，要注意不能把橡皮筋拧断，否则就动不起来了。

结合幼儿的兴趣，我们后续还可以组织"谁的小船跑得远"比赛活动。和幼儿一起讨论活动要有哪些内容并分组进行相关准备，如制作宣传海报、制订比赛规则、布置比赛场地、确定比赛的主持人及裁判等。

五、探究：能够真正坐人的船

"如果能坐着船在水上漂一定很舒服。"孩子们突然想制作一艘能够真正坐人的船。用什么做比较合适呢？孩子们开始了讨论："用木板吧，那个应该结实。""可是，我们钉不好钉子啊！"……"我们可以用矿泉水瓶，那个材料也好寻找，用胶枪和胶带就可以固定。""这个好！我们就用矿泉水瓶吧。"

确定材料后，孩子们开始了制作。很快，一艘能坐人的船制作完成了，孩子们迫不及待地放到水中"试航"（图3-95）。"哎呀！漏水了。"孩子们发现船漏水后立刻进行了"检修"，发现瓶子的大小不一，粘在一起缝隙比较大，缠绕胶带时忽略了这些地方。于是，他们改进后又再次"试航"（图3-96，图3-97）。"成功了！"孩子们兴奋地欢呼着。

图3-95

图3-96

图 3-97

活动总结：

　　在整个活动过程中，幼儿在开放的环境中自由探索、大胆想象和制作。教师创造条件、提供机会，给予幼儿支持和帮助，促进幼儿主动探索和学习。通过小组合作的方式制作小船，能够充分发挥每个人的作用，使幼儿在操作中发现问题，在交流中实现思维碰撞，既提升了幼儿的倾听能力，又能够让幼儿在交流中寻找到解决问题的方法。教师以同伴的身份参与到幼儿的活动中，能够及时给予幼儿支持和帮助，帮助幼儿树立自信。

　　《纲要》指出，幼儿科学教育应密切联系幼儿的实际生活，充分利用孩子们身边的事物和现象作为科学探究的对象，引发孩子们强烈的好奇心。在造小船活动中，幼儿发现问题时能够主动思考，动手动脑探寻解决问题的方法，并能用适当的方式表达、交流自己的探索过程和结果。在探究过程中，孩子们虽然有失败的沮丧，但是能够积极面对失败，主动寻求解决方法，增强了抗挫折能力。

（王立颖）

课程故事：寻找风的声音

　　在一次晨间活动中，孩子们之间发生了以下对话：

　　王安冉："我跟你说，昨天晚上我家来了大怪物，吓得我都不敢睡觉，'嗷呜、嗷呜'地叫。"

　　陈浩桐："大怪物？那你看见它长什么样了吗？"

　　王安冉："外面太黑了，我没看见，我也不敢看。"

　　陈浩桐："那肯定不是怪物，我妈妈说世界上没有怪物。"

申嘉康："那是呼呼地刮风呢，是风的声音。"

王安冉："原来是刮风啊，我还以为是怪物呢，吓死我了。"

刘佳慧："昨天晚上我也听见了，不知道是什么声。"

汪可韵："我也听见了，我奶奶说是刮大风呢，让我别害怕，赶紧睡觉。"

小朋友们都被这个问题吸引了，产生了探索的兴趣，并展开了激烈的讨论。

看到小朋友们对风的声音这么感兴趣，我也在思考探索风声的活动可以发展幼儿的哪些能力。参照《指南》目标，结合班内幼儿活动实际，我预设了以下几条目标：

1. 对自己感兴趣的问题喜欢刨根问底，能动手动脑寻找问题的答案。

2. 能通过观察、比较与分析，发现并描述风声的特征。

3. 猜测风声产生的原因，并能用一定的方法验证自己的猜测。

4. 在成人的帮助下制订简单的调查计划并执行，能用图画的形式记录。

5. 能发现风铃的结构与功能之间的关系。

6. 活动时能与同伴分工合作，遇到困难一起克服，并能主动在活动中出主意和想办法。

7. 在活动中，能够亲近大自然，感受风这种自然现象的神奇。

一、是风声吗？风声在哪里？

大自然中有各种神奇的自然现象，孩子们对于神秘的大自然充满了好奇。那晚上听到的声音真的是风的声音吗？风声在哪里呢？孩子们进行了激烈的讨论，并大胆地提出自己的猜想。为了进一步验证猜想，我与孩子们一起走进大自然寻找答案，寻找风的声音（图 3 - 98）。孩子们通过仔细观察、认真聆听，找到了很多风的声音。回班后，孩子们兴致勃勃地讨论着，对于自己在探索中的发现感到兴奋和满足，并决定把自己的发现画下来，留住这些精彩的发现（图 3 - 99）。

图 3 - 98

图 3 - 99

教师思考：此次活动由孩子们的发现引发。教师支持幼儿在轻松愉悦的氛围中自由讨论。在幼儿想要寻找风的声音时，教师为幼儿提供可探索的环境与平台，鼓励幼儿走进大自然中寻找答案，并用自己喜欢的方式进行记录、分享。风声的话题充分激起了他们的探索热情，教师需要抓住他们的兴趣点进行引导。

二、风为什么会发出声音？

孩子们展示着自己的发现，并对风声产生的原因进行了大胆猜测。"我找到风的声音了，风吹动树叶碰到树枝沙沙响。""你看，风把玩具上的铃铛吹响了，发出的声音真好听。""刮大风了，我听见国旗在呼啦呼啦地响。""我家有个漂亮的风铃，一刮风也会响。""是风被东西挡住了，它很生气才喊的，我生气的时候也会喊。""我觉得刮大风的时候国旗才会'呼啦呼啦'响。"

为了验证自己的猜测，孩子们纷纷噘起了嘴巴，呼呼地吹气（图3-100），"真的啊，噘嘴巴的时候就有呼呼的声音。"张诺一吹累了，想了想，走到美工区拿着纸扇风，扇了半天也没发出声音。她又拿起纸放在嘴边吹起来（图3-101），她大叫："我对着纸吹气，声音好大！"班里的其他小朋友也冲到美工区，拿着纸开始吹。陈浩桐："纸贴在我嘴巴上声音最大。"孩子们对自己的猜测进行了验证，得出结论：风吹动别的东西会发出声音，风吹过小洞洞的时候会发出声音，有物体挡住风的时候也会发出声音。

图3-100   图3-101

教师思考：在这一过程中，我们可以看到，孩子们已经在运用已有生活经验对风声产生的原因进行大胆猜测并说明理由。通过动手操作、大胆尝试来验证自己的猜测。在此过程中，联系经验，发展动手能力和初步的探究能力。

三、寻找风中的玩具

这一天，幼儿提出想要在美工区制作风铃："我想把我家的风铃带来，一刮风就响，可好听了。""老师，我们可以在美工区做风铃吗？"

（一）做风铃前的准备

1. 我见过的风铃。

在开始做风铃前，我们进行了一次教育活动，向家长收集家中风铃的照片，围绕"我见过的风铃"展开讨论。幼儿调动已有经验，大胆讲述自己见过的风铃。幼儿听完小伙伴的分享后，知道了风铃的种类和原理，用画笔画出风铃设计图（图 3 - 102），为后续制作风铃做好准备。

图 3 - 102

2. 寻找材料。

幼儿设计好风铃后，开始在身边寻找适合制作风铃的材料。

邵琳晴："我想用核桃壳做风铃，核桃壳的声音叮叮叮，像小鸡的叫声。"

吴雨轩："用石头可以做风铃，石头的声音咚咚咚，像敲门的声音。"

武鑫妍："用松塔可以做风铃，松塔的声音哒哒哒，像雨滴的声音。"

陈浩桐："我想用花生壳做风铃，不过声音有点小。"

……

孩子们找到了很多不同的材料，在尝试发出声音的过程中发现不同的材料发出的声音也是不一样的，而且有的材料发出的声音比较小，不太适合做风铃。最后发现，我们选择的材料要在碰撞时能发出好听的声音，风一吹才能响，而且不能太重，要方便悬挂。

（二）制作风铃

完成制作前的准备后，孩子们就开始制作风铃了。先选择自己喜欢的材料，用绳子穿成串，或用胶粘在绳子上，再将串好的材料系在一起，最后加上铃铛、羽毛、彩纸等作为装饰，风铃就制作完成了。这时新的问题又产生了，"你看，我的风铃做好了，为什么不响？""你的松塔应该粘在这儿，得让它们能碰到，才能有声音啊。"由于是先将材料固定到绳子上再系到一起的，材料的高度是随机的，因此发生了材料不能碰到一起的情况。在同伴的提醒下，幼儿又调整了材料的位置，让它们能够碰撞在一起。

*教师思考：*前期活动激发了孩子们制作风铃的兴趣。通过前期调查、经验分享，孩子们拓宽了认知，风铃设计图充分体现出孩子们思维与创新能力的发展。通过动手操作，幼儿提升了艺术素养与创新能力，自由地发挥想象

力。在制作风铃的过程中，每个孩子都是天生的艺术家。制作的过程对他们来说就是想象与创造的过程，孩子们运用各种材料自由地制作风铃，充分展现儿童天马行空的创作天性，极大地促进了孩子想象力和创造力的发展。在遇到问题时，孩子们能够通过思考、同伴合作发现问题，并通过自己的调整，解决问题。通过粘、系、调整位置等动作，锻炼动手能力，促进手部精细动作的发展。

（三）更多风中的玩具

有了制作风铃的经验，孩子们还发现了更多好玩的风中玩具，有和爸爸一起做的风车、和姐姐学习制作的纸飞机、和爷爷制作的降落伞和风筝。在一个阳光明媚、微风习习的午后，我们一起来到了小院，拿着各种各样的风中玩具和风一起做游戏（图3-103，图3-104）。

图3-103

图3-104

四、《"怪物"的声音》绘本

幼儿用绘画的方式将自己经历过的游戏活动进行表达表征，并制成了绘本，给它起名为《"怪物"的声音》。一起扫描二维码来看看孩子们的小书吧。

扫码看绘本

活动总结：

生活处处皆教育，一次探秘，一场体验，串起了孩子们与风声的故事。《纲要》指出：幼儿园的教育内容要贴近幼儿的生活，选择幼儿感兴趣的事物。本次活动生发于孩子们的偶然谈话，教师给予幼儿自由讨论的空间，调动幼儿的已有经验，鼓励幼儿走进大自然自由探索，在动手操作中寻找答案，大胆表达自己的想法，并用幼儿喜欢的方式进行记录、展示分享。幼儿在发现问题、探索实验、解决问题的过程中获得成长。我也深刻意识到，幼儿园的课程就是

支持幼儿不断去发现、探索未知，体验生活的有趣、美好。课程的载体应该是好玩的、有趣的、生动的、看得见的、贴近幼儿生活的。孩子们在兴趣驱动下不停地探索、发现，不断地质疑验证，用感官感知这个世界，探索未知，从而建构新经验。

（付田田）

🌧 课程故事：泥巴乐趣多

故事背景：

"泥"是孩子们在生活中随处可见的，也是农村孩子们最喜爱的，孩子们最爱在潮湿的雨天踩踩泥巴，在有树枝掉落的松软土地里戳戳挖挖。泥巴里到底藏有什么呢？

长沟幼儿园在地理位置和自然资源上恰好有很大优势，方便孩子们发掘探索。长沟是一个自然资源非常丰富的乡镇，湿地公园更是赫赫有名，为孩子们探索泥提供了很好的材料支持。

一、泥土的秘密

为了找寻泥土的秘密，孩子们找来了各种各样不同的土和工具。有大炒勺、纱布、网纱……他们兴致勃勃地介绍着自己的探究工具。

这些工具怎么玩呢？她们有的先将大块的泥土拣出来放在一旁的盒子里盖好，再把小块土倒向网纱上；有的两只手拎着网纱筛土（图 3 - 105）；有的拿着大汤勺用力地敲打，以便让汤勺里的泥土掉落下去……

图 3 - 105

孩子们在操作的时候你一言我一语地说着自己的发现：

"土里有蚂蚁，它在往上爬。"

"这些土里藏着一块石头。"

"我发现了一个小小的蜗牛壳。"

"好多石头，还有一棵小草！"

"我还发现了树枝！它没有那么长。"

孩子们对土有了初步的认识，沉浸于在土中发现西瓜虫、小瓢虫的喜悦与满足中。通过筛土游戏，孩子们以第一游戏者的身份探索着泥土里的秘密。

教师思考：《指南》明确指出：4～5岁幼儿应具有初步的探究能力，应鼓励和引导幼儿学习做简单的计划和记录，并与他人交流分享。幼儿用绘画的方式记录观察和探究的过程与结果。通过记录可以发现他们的新经验：小块的土会落在网下面，大块的土无法通过网。

二、来和泥呀！

第二天，孩子们迫切地把筛好的土拿出来，说："老师，我们需要水，把昨天的土变成泥。"

通过和泥游戏，孩子们发现了很多乐趣。

"老师，我这个土有点干啊，黏不到一起。"

"没事，我来帮你加点水就好了。"

"哇！我发现我这个泥越揉越黏啦！"

"你们看，还可以像我这样使劲摔，摔完了也变得特别黏啦。"

他们围绕突发的、感兴趣的话题进行着游戏，并收获了许多科学层面的关键经验，例如泥土具有干、湿等不同的形态；水的加入能够改变泥土的形态；用力摔一摔，泥土会变得更加坚硬等。幼儿通过想象，有创造力地玩着泥的游戏，不断加水、和泥、摔打。兴趣推动幼儿在尝试中不断建构科学经验。

三、泥土大变身

为了丰富幼儿的活动材料，后勤老师特别找来了长沟特有的红黏土，支持幼儿进行泥工活动。孩子们自己和的泥、后勤老师找来的黏土、购买的超轻黏土……丰富的材料吸引着幼儿去探索体验。孩子们用泥土再现着真实生活。

1. 长沟大集。

为了迁移孩子们的生活经验，我们就泥的用途进行了讨论。

"我知道，我去过爸爸的工地上，他们那里有很多泥浆，是用来搭房子的。"

"老师，我们一起造房子吗?"

"老师，我想捏大集上的糖葫芦。"

"我也去过大集，还有卖水果、卖菜的，我们捏一些大集上的东西吧。"

长沟大集是孩子们在生活中经常接触的地域文化，琳琅满目的商品、热气腾腾的小吃、新鲜健康的蔬菜、五颜六色的衣服……大集上应有尽有。长沟镇的孩子们从小就随着家长一起逛大集，体会着市井文化，感受着生活气息。

我们对接幼儿的生活经验，借助美育表现手段，利用长沟镇特有的黏土，支持幼儿用泥工还原长沟大集的景象，表现大集生活，呈现人间烟火气。

接下来的几天，孩子们全身心地投入创作中（图3-106）。创作过程中也出现了一些问题，如孩子们发现刚捏好的水果一拿起来就变形了，捏的小人干了之后头掉了。

图3-106

教师思考：在丰富的材料和多元的创意支撑下，孩子们能够自主思考，以物代物，真正成为游戏的主人。在游戏的过程中，起初的争执被自发式合作取代，争吵抢夺被明确分工取代。孩子们用不同的形式表达自己对事物的理解，在游戏中逐渐发展自己的思维能力、想象能力与创造能力。在游戏的过程中，由于材料的变化，"大集"的创作并不算顺利，但是孩子们没有放弃，通过观察、讨论、思考，不断探索着不同种"泥水比"、稳定技巧、接缝黏合度等。通过不断解决问题，幼儿增加了敢于面对和挑战失败的勇气。借由幼儿对"大集"的独特兴趣，我还给幼儿营造了适宜的传统民俗文化进校园的氛围，充分利用民间手工艺术泥人的独特造型和色彩，给予幼儿多元化的审美艺术欣赏和感受。幼儿在对泥塑造型有一定认知的基础上，利用各种美工材料，如刮刀、钢圈、小戳子等进行创作，充分发挥着艺术想象力和创造力。同时，孩子们在自发的想象与经验创作中尝试用捏、滚、压平等技能进行创作，发展了手部精细动作。

我抛出问题："你们更希望大集作品以什么样的方式进行展览呢？"孩子们说："我们想要邀请幼儿园所有老师和小朋友来欣赏。"活动室摆放空间有限，于是孩子们提议把作品放到走廊的窗台上，这样大家路过都可以看到。几天后，平平无奇的走廊窗台很快成了错落有致的展览台，吸引孩子们驻足欣赏……

2. 快乐农场。

孩子们天生喜欢小动物，饲养区的小鸭、小鱼是孩子们生活的一部分；大集上贩卖的小狗、小猪吸引孩子们驻足，于是，小动物也成了孩子们捏泥的主题。

孩子们在泥工教室捏得不亦乐乎，他们将自己捏完的小动物整整齐齐地摆到格子里，动作非常轻，生怕一个不注意就破坏了作品。没完成的作品也被孩子们统一放到另外的格子里，说下次要继续把它完成。活动中，孩子们你一言我一语，完全沉浸在捏泥游戏的世界里。

3. 艺术节泥塑展。

在幼儿园艺术节上，孩子们的泥塑展也成了一道风景。孩子们用泥塑作品再现着他们的生活、想法、创造，如兔年的传统形象兔爷、长走大会、快乐的幼儿园生活等主题。

扫码欣赏作品　　　　扫码欣赏作品

在创作过程中，孩子们思维活跃。在捏长走大会场景的时候，孩子们遇到了困难：

"老师，我这个奔跑的人站不住啊？"

"老师，我想捏公园里那个大桥，长走的时候路过那儿，可是那个桥太大了，我这个刚捏完就断了。"

"老师，我发现之前捏好的泥人，一拿过来就变得不结实了。"

对于孩子遇到的问题，我没有一一解答，而是让他们带着问题回家想一想

办法，这样也增加了幼儿和家长间的话题，让家长间接参与到孩子们在幼儿园的活动中。

第二天，有一个小朋友带了一些棉絮来，非常激动地说："你们看，我爸爸和我一起想的好办法，和泥的时候加入一些棉絮，泥就会变得又结实又黏，我们的作品干了也不会坏了。"

"我也想出来怎么能展示长走大会了，我们可以把泥放在盒子里铺好，然后在泥上刻出来。"大家都迫不及待地想要尝试自己的方法，于是继续创作起来。

教师思考：本次活动充分体现了幼儿是活动的主体。孩子们根据自己的兴趣爱好进行一次又一次尝试，兴趣有增无减。我想这就是放手的意义，有了家长的参与和支持，孩子们的兴趣也越来越浓厚。

4. 泥塑标本。

有了在泥上刻画的经验，孩子们又在泥工教室尝试各种拓印。他们搜集了各种自然材料，如树叶、花朵、羽毛、果实等，将泥塑形成长方形的底板，将自然材料印在泥上，再为泥涂抹上漂亮的颜色，一幅好看的拓印标本泥塑作品就完成了。

孩子们在与泥互动的过程中，经验逐渐丰富，创意也越来越多，泥工教室的每一个角落都是孩子们成长的印记。

活动总结：

泥土是大自然给予我们的馈赠，它对幼儿有着无形的吸引力，并且泥土天生带有治愈性和特殊的触感、气味，能刺激孩子们的感官。

我们从小玩泥土，但由于时代的变迁，现在很多孩子对泥土缺乏接触，因此很多孩子惧怕玩泥土，怕脏、怕有虫子。在有效利用园所环境资源的基础上，在一次又一次与泥土的互动中，我们走近幼儿，聆听幼儿的想法与感受，了解每个孩子内心独特的愿望与表达。从寻找泥土开始，幼儿开始有了各种各样的体验。他们在自发的游戏中与同伴有了更深层次的交流表达与合作探究，体会到了泥土与我们生活之间的紧密关系，学会了亲近大自然、保护生态环境。这也是自然探索的核心意义所在。

（张晴）

 课程故事：有趣的花果茶

故事背景：

秋风送爽，幼儿园里五彩缤纷，硕果累累。阳光下，叶子盎然摇动着，花

朵散发芬芳。孩子们对幼儿园里的这些植物特别感兴趣，在晨间活动或户外活动时，他们总是忍不住去院子里看看这些植物，有时摸一摸、闻一闻，看到好看的叶子、美丽的花、诱人的果实，会有孩子问："可以摘吗？""好想摘下来啊！""不可以，小花小草都有生命！""你喜欢花，可以闻一闻啊。"还有小朋友表达自己的经验说："有的可以摘，我们家山楂熟了，我和奶奶摘过，奶奶还晒了山楂干，泡水可好喝了。"

听完孩子们的对话，大部分孩子表现出了想摘又担心的矛盾心理。为了满足幼儿的需求，结合植物特点，在自然体验区的实验区里，教师引导孩子们用自己灵巧的小手制作花果茶，开展了一系列与茶相融合的活动。

一、寻找发现秘密

一杯香甜的花果茶需要搭配不同的食材。哪些植物能吃、适合泡茶呢？孩子们在院子里不停地寻找（图 3-107）。在每日与植物的亲密接触过程中，孩子们还发现了一些小秘密：有的植物散发着特殊的香气。

熙熙说："摸过薄荷的手上有凉凉的味道，像薄荷糖一样，好想吃一口啊。"

梓文说："这个紫色的叶子是紫苏，妈妈最爱吃。我不喜欢吃，有一股怪怪的味道。"

说到吃，孩子们津津乐道。他们边说边寻找幼儿园里能食用的植物，他们找到了山楂、枸杞、海棠。但是还有好多植物他们不认识，不知道究竟能不能吃。于是孩子们找到了老师，希望能够得到帮助，可是有的连老师也不认识，这可怎么办啊？

若曦说："可以在书上找答案。"

峻熙说："可以问爸爸妈妈。"

辰辰说："可以在电脑上查一查。"

晓彤说："可以用手机扫一扫，有种 App 能识别植物。"

最后大家决定用晓彤的方法，既方便又快捷。用老师手机和班里 iPad 中的识物软件，孩子们发现了许多适合做茶的植物，有蒲公英、黄芩、金银花、石斛花、无花果、柠檬等。植物太多了，过几天如果忘记植物的名字怎么办？孩子们热烈地讨论起来。

宇航说："用绘画的方式记录下来。"

妍熙说："请老师把植物的名字打印出来。"

萱萱告诉大家，我们可以录小视频介绍植物，扫一扫二维码，大家就可以看到了。

最后大家决定采用不同的方法记录植物的名字和介绍植物（图 3-108）。

图 3 - 107　　　　　　　　　　　　　　　图 3 - 108

二、摘一摘、晾一晾

　　孩子们从采摘开始，自己动手制作花果茶。采摘时刻一到，孩子们立刻沸腾起来，三五成群地在幼儿园里辛勤地采摘，有的摘叶子，有的摘花，还有的摘果实（图 3 - 109）。"叶子要摘最嫩的哦""这朵花好漂亮啊，我们摘下来吧""枸杞要红红的，绿的还没熟呢"。看到筐里满满的收获，他们露出了灿烂的笑容，体验到了劳动的快乐与满足感。

　　采摘完毕，孩子们来不及休息，趁着阳光当头，立刻就进行了晾晒。孩子们一起把采下的叶子、花、果实翻抖、摊薄放在筐箩里晾晒。正当大家干得热火朝天之时，航航疑惑地问老师："老师，山楂、海棠这些果子也直接这么晾吗？要不要切一切啊？我在家里看到妈妈弄那个萝卜都是切一切再晾的。"

　　"这真是有意义的问题啊，咱们来一起问问小朋友吧。"

　　依依说："应该切一切，小一点儿干得快。"

　　雨涵赞同地说："对，太大晒不透，会烂掉。我们家的苹果放好几天没吃就烂了。"

　　思佳说："山楂可以切成片儿，我姥姥就这样做的。"

　　子豪说："大的可以切，小的果子不用切。枸杞太小，不好切，我感觉能晾干。"

　　康康灵光一现，兴奋地说："老师，也可以不切，烘干就可以了，那样不会烂。中四班就有一个烘干机，我们可以借过来用一用。"

　　孩子们各有各的想法，老师鼓励他们自己动手试一试。翻晒、切块、烘干，孩子们像大人一样，忙得不亦乐乎（图 3 - 110）。几天之后，所有的材料都晾干了，孩子们小心翼翼地把它们装进罐子里。

图 3 - 109

图 3 - 110

三、泡一泡真好喝

孩子们把晾晒好的花、叶、果实放进玻璃茶壶，然后倒入热开水，浸泡一段时间，花果茶便泡成了。花果茶香味浓郁，加入几块冰糖，味道更佳。"哇，真好喝。""我喜欢酸酸甜甜的味道。""回家我也教妈妈做花果茶。""来，干杯！"孩子们享受着自己的劳动成果，分享着自己的感受，还邀请小伙伴们一同来品尝。后来，孩子们还从家里带来一些适合做花果茶的材料，如猕猴桃干、火龙果干、葡萄干、黑枸杞、苹果干、蒲公英、茉莉花、桂花、大麦、红枣等。在持续的活动中，孩子们自己搭配材料泡花果茶。老师适时提问："它叫什么名字？""老师，我这叫山楂桂花茶。""我这叫葡萄枸杞茶。""喝了之后对我们有什么作用？"这个问题可把孩子们难住了，只有一个孩子说："多喝水不上火。"这是平时老师经常跟小朋友说的，孩子们没有其他的经验，都说不上来。所以老师就给孩子们布置了一个任务：回家问问爸爸妈妈。有的家长从网上查了资料，有的孩子带来了养生茶道的书。通过分享，孩子们知道了不同的材料组合有不同的功效。他们自己给茶起名字、绘画，自制花果茶单：薄荷黄芩清凉茶、玫瑰茉莉养颜茶、菊花枸杞护眼茶、红枣山楂补血茶、八宝茶、果干茶……应有尽有，供客人下单使用。

四、包装花果茶

我们的花果茶在幼儿园里火起来了，大家都想尝一尝。快乐游戏日这一天，好多小朋友来到花果茶坊，他们在这里体验自己制作花果茶。不光如此，活动结束时，他们还想把花果茶带走，"我想让我们郭老师也尝一尝""我想让妈妈尝一尝"。可是我们的茶都是现场搭配的，不能带走。看到小朋友有些失落的表情，孩子们说："你下次来，我们回班级制作一些纸袋子，提前装好就

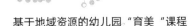

可以带走了。"一个孩子说："好，我们下次来，你要装好一点啊！""没问题。"孩子们之间达成了约定。

孩子们的想法得到了老师的支持，他们分组进行，有挑拣花果茶材料的，有制作包装袋的，还有画花果茶标签的。孩子们一个个心灵手巧，神情专注，干得有模有样。一双双稚嫩的小手分工合作，花果茶成品就这样诞生了。孩子们可以分享自己的劳动成果，幼儿园来客人时可以作为礼品送给客人，每位得到的客人都爱不释手。花果茶承载着小朋友浓浓的情谊，大家共同品味着大自然的馈赠，交流和传承花果茶文化。

活动总结：

幼儿园是孩子们生活学习、快乐成长的天地。幼儿园植物众多，经统计，园内有100多种植物，包括20多种树木，近10种藤本类植物，近80种花草。这些都是不可多得的教育资源，为幼儿和老师提供了共同成长的适宜环境。幼儿走出活动室，在大自然中学习探索和认识世界。制作花果茶的活动，将教育恰如其分地渗透在孩子的生活中。支持和引发幼儿生成活动的过程，也是师幼共同成长的过程。制作花果茶活动，顺应了幼儿的年龄特点和兴趣爱好，孩子们可以与大自然和谐相处，既收获大自然的馈赠，又收获着童趣，更收获着友情与多方面的发展。结合幼儿园自然资源开展多种形式的实践活动，对幼儿意义深远。

此次活动，小朋友们全程参与其中。为了让小朋友们更真实有趣地体会花果茶的制作过程，老师和孩子们一起寻找、采摘、切果实、晾晒、烘干、泡花果茶、饮茶。通过此次活动，孩子们既锻炼了动手能力，又体验到了制作花果茶的乐趣，还学会了思考，懂得了分享，体验了劳动带来的快乐，提升了交往能力和自信心。同时，孩子们也知道喝不同种类的花果茶对身体有不同的好处。

（顾试艳）

第三节　在融合的集体活动中成长
——教育活动

在集体教育活动中，资源支持着幼儿的学习和发展。它们或是支持幼儿学习的媒介，或是支持幼儿表达的方式，或是幼儿学习的主体，总之，它们有着举足轻重的地位。充分挖掘资源的价值并巧妙地利用好资源，能够让幼儿在集体教育活动中获得新的发展，拓展新的经验，让幼儿在认知、情感、态度、习惯的体验与养成上都有所收获。

春又至（名画欣赏）

活动背景：

春季是万物复苏的季节，为了帮助幼儿感受春日的美好，拓展幼儿艺术领域的经验，我找到了中国当代画家吴冠中的作品《春又至》，旨在借助此作品，引导幼儿在欣赏的同时，大胆地进行表达和表现。

活动目标：

1. 观察画面，感受画面中点、线、面的构成。
2. 感受画面，用语言描述自己的所见所想。
3. 按照自己的想法大胆进行创作。

扫码欣赏作品

活动重点：

大胆用线和颜色进行创作。

活动难点：

在创作中有不同的想法，并大胆进行创作和表达。

活动准备：

经验准备：看到过春天盛开的各种颜色的花朵。
物质准备：宣纸、毛笔、国画颜料、小水桶《春又至》作品、围裙等。

活动过程：

一、感受和欣赏

（一）出示名画，激发兴趣

提问："这里有一幅画，你看到了什么？"

幼儿："看到了很多长长的线和黑色的、彩色的点点。"

提问："这是一条什么样的线？"

田田说："是长长的黑色的线，像电线杆一样，几只黑色的小鸟落在上面。"球球说："我看到了有粗有细的线，像大树一样。"小乖说："我看到的线是弯弯曲曲的，就像迷宫一样。"

提问："除了线，你还看到了什么？"

月月迫不及待地说："这些五颜六色的点点很漂亮，像五颜六色的花一样。"笑笑说："我看到了很多彩色的点点，像糖果一样。"

（二）结合名画，继续引发幼儿大胆想象

提问："如果这些线条是树枝，你们觉得这些点是什么？"

姐姐说："这些黄色的点就像幼儿园盛开的迎春花。"开心说："还有玉兰花呢，我看到了粉色的点点，就像玉兰花一样。"巧儿说："也像盛开的樱花和桃花，还像杜鹃花和梨花呢。"

提问："如果这些线条是大海，这些点是什么？"

牛牛说："这些黑色的线和点点交织在一起，像很多冲浪的人在冲浪。"壮壮说："这个大海里有很多彩色的小鱼、小蝌蚪、贝壳。"

提问："这些线还可以是什么？那些点点还可以是什么？"

有的说："可以是蜘蛛网，大大的网上有很多的小虫子。"有的说："可以是天上飘下来的小雨点和地上的小水沟。"有的说："可以是圣泉公园里开的五颜六色的花朵。"

二、表达与创作

1. 认识吴冠中爷爷，了解作品名字。

2. 幼儿进行创作：自由选择颜色和内容进行创作。

提问："你想不想学大师来画一画？"

三、分享交流

提问："说一说你画的作品是什么？有什么故事吗？"

贝贝说："这是一只在孵蛋的小蚂蚁，它孵了很多的蛋，有几只小蚂蚁马上就要从蛋里出来了。"淇淇说："我画的是在一个大森林里，下雨了，我和长颈鹿在开心地淋雨。"艺艺说："幼儿园自然体验区里的花开了，当外面下雨的时候，小蝴蝶和小蜜蜂都飞进来采蜜了。"

活动延伸：

将材料和欣赏画投放到美工区，幼儿可随时进行创作。

活动总结：

《指南》中指出：艺术是幼儿感性地把握世界的一种方式，是表达对世界的认识的另一种"语言"。本次活动选材适宜，在万物复苏、百花盛开的春天，孩子们身边、眼里都是各种盛开的花朵，五颜六色的花朵给了幼儿丰富的视觉感受和体验。教师抓住这一契机，巧妙利用名师名画资源，挖掘春天的艺术教育内容，组织开展美术活动。在活动中，教师通过有效提问、营造情境，鼓励幼儿与名师"对话"，大胆表现自己的情感和体验，用自己喜欢的艺术方式进行创作，表现对大自然的认识。

（杨瑛）

 向日葵（写生活动）

活动背景：

　　向日葵是向阳而生的花朵，它们金黄色的花瓣给人温暖并让人内心充满激情。长沟镇有着丰富的地域资源——千亩葵花 扫码欣赏作品田。为了方便孩子们近距离地观察葵花之美，幼儿园里也种上了不同品种的葵花。在这向日葵开放的季节，孩子们对小菜园里的向日葵产生了浓厚的兴趣。向日葵为什么会跟着太阳转动呢？孩子们自小就对这一奇特的植物生长现象充满了好奇。为了让幼儿感受向日葵独有的美丽，用美术创作的方式大胆表现向日葵，设计了此次活动。

活动目标：

　　1. 通过观察、感知，能够发现和欣赏向日葵的美。
　　2. 能够运用水粉画大胆表现自己眼中的向日葵。
　　3. 在写生活动中感受到快乐和满足。

活动重点：

　　能够将自己观察、感知的向日葵用水粉画的方式表现出来。

活动难点：

　　能够大胆用色，表现向日葵独特的美。

活动准备：

　　经验准备：有过写生的经验，认识向日葵。
　　物质准备：画架、水粉、画笔、绘画用纸、涮笔筒、调色盘、展示板、轻音乐、PPT。

活动过程：

一、提问导入

　　提问："小朋友们，你们认识这个是什么花吗？"

二、观察向日葵，初步感知向日葵的颜色、形状等，激发幼儿的创作欲望

1. 幼儿整体观察向日葵，并大胆表达自己观察到的向日葵的样子。

提问："向日葵是什么样子的？像什么？什么颜色？"

幼儿观察，并充分想象、表达，感受向日葵圆圆的花盘、漂亮的花瓣、密密麻麻的瓜子等。

提问："你知道向日葵最喜欢朝向谁吗？"

小朋友："太阳。"

2. 教师小结：向日葵有着不一样的美，花瓣像小舌头一样，叶子像扇子一样，花盘里面有很多果实。它还有长长的、直直的花茎。这么美丽的向日葵，我们一起把自己观察到的向日葵用画笔画下来吧。

三、幼儿大胆表现自己眼中的向日葵

1. 介绍绘画材料：水粉颜料、画笔、画纸、画架。

2. 播放轻音乐，幼儿创作。

3. 教师观察、指导，鼓励幼儿大胆创作，关注幼儿需要，及时予以支持和回应。

四、交流分享

1. 小组分享：幼儿相互交流自己的作品，教师鼓励幼儿大胆讲述。

2. 集体分享：幼儿大胆介绍自己的作品，教师进行小结与提升。

涵涵："我画向日葵的时候画了一个太阳，向日葵最喜欢太阳了。"

师："涵涵的想法特别好，不仅画出来美丽的向日葵，而且画出来它最喜欢的太阳公公，让画面更加完整，真棒。"

梦琪："这是我画的向日葵，小蜜蜂飞过来采花蜜来了。"

师："梦琪画的向日葵是两种颜色的，你观察得可真仔细，而且你的向日葵吸引了小蜜蜂，它都觉得你的花好漂亮呢，真厉害！"

五、自然结束

师："今天，小朋友们画了美丽的向日葵，幼儿园里还有那么多不同的花朵，我们有时间再一起来画一画。"

活动延伸：

开办"幼儿园里的花"画展。

活动总结：

《指南》指出：幼儿喜欢观看花草树木、日月星空等大自然中美的事物。所以本次活动中，老师和幼儿一起感受、发现和欣赏了自然环境中美的事物，并且和幼儿一起发现美的事物的特征。由于长沟有千亩葵园，园所为了建立种植园和幼儿生活的联系，也种植了葵花，因此孩子们有着丰富的观察向日葵的经验。活动中，老师提供了各种各样的向日葵，让孩子们充分观看图片，观察欣赏形态各异的向日葵，然后给予幼儿充分表达的机会，让他们大胆地表达出自己看到的向日葵，激发幼儿的创作兴趣。孩子们通过充分的观察、想象之后再进行创作，每一幅作品都能让我们看出千姿百态的生命。幼儿独特的笔触、语言往往蕴含着丰富的想象和情感，他们的作品很细致、很生动，让我们仿佛置身于向日葵花海中。

（刘冬雪）

 收高粱的故事（语言活动）

活动背景：

盛夏千竿绿，当秋万穗红。金秋九月，幼儿园里的高粱挺直了腰杆，垂下了头。在开学之初，孩子们对种植园中的高粱产生了兴趣。追随孩子们的兴趣，班级相继组织开展了观察、认知、了解高粱等活动，幼儿了解了高粱的外部特征，调研了高粱的收获方法、多种用途和吃法。终于到了高粱的收获季节，孩子们在收高粱的过程中发生了很多有趣的故事。根据幼儿的兴趣点及发展需求，生成了此次教育活动。

活动目标：

1. 能有序、清楚并连贯地表述收高粱过程中发生的趣事。
2. 能认真倾听同伴表述的故事内容。

活动重点：

敢于表述收高粱过程中发生的趣事。

活动难点：

能有序、清楚并连贯地表述收高粱过程中发生的趣事。

活动准备：

经验准备：在体验收高粱的过程中发生了许多有趣的事。

物质准备：收高粱时的照片、纸、笔。

活动过程：

一、回忆收高粱的过程

（一）教师出示照片，激发幼儿收高粱的回忆（图3－111，图3－112）

师："我们前些天收了高粱，来看看照片里的小朋友发生了什么有趣的事？"

幼儿积极举手回答问题。瑶瑶说："收高粱的时候我发现了毛毛虫。"程程说："高粱太不好收了，我使出了浑身的劲。"翼翼说："我们每天都不忘记把高粱穗翻一翻。"果果说："我们在一起给高粱脱粒，人多力量大。"

图 3－111

图 3－112

（二）引导幼儿讲述自己发生的趣事

师："在收高粱的时候，让你印象深刻的事情是什么？"

二、幼儿画出自己收高粱时的趣事

师："将发生的有趣的事，用绘画的形式记录下来吧。"

三、幼儿大胆完整地讲述自己收高粱的故事

1. 师："要注意完整讲述，你讲的有趣的事情要让别人听明白，要说清楚什么时间、在哪儿、都有谁、在做什么、发生了什么。"

2. 幼儿和自己组内的小朋友讲一讲。教师指导幼儿完整讲述自己的故事情节。

3. 每组推选一名幼儿在集体中讲述。

活动延伸：

将自己的故事制作成小书，投放在图书区。

活动总结：

陶行知先生说过：生活即教育。收高粱活动来源于幼儿的实际生活，收高粱的照片帮助幼儿回顾了真实的场景。本活动支持幼儿用表征的方式将收高粱的故事画下来。在此过程中，幼儿回忆、讲述、思考、记录、表达，留下美好的秋收回忆。

（郭蒙蒙）

秋天的银杏树（美术活动）

活动背景：

扫码欣赏作品

《纲要》指出：教育活动内容的选择要能够贴近幼儿的生活，选择幼儿感兴趣的事物与问题，有助于拓展幼儿的视野，及时捕捉可利用的教育契机。因此，要贯彻体现《纲要》的精神，就要开展有价值的教育活动。

近期，我们在开展"幼儿园里的秋天"活动时，小朋友捡到一片落在地上的黄色树叶，问道："老师，这是什么叶子，真好看。"接着又有很多小朋友发现了落下来的黄色叶子。大家被这些树叶吸引住了，情不自禁地去捡拾地上的树叶，开心地讨论这些树叶的形状像什么。为了让幼儿在感受自然、探索自然中获得更多的发展，我们设计了此次活动。

活动目标：

1. 运用多种感官感知银杏树，用绘画的方式表现秋天的银杏树。
2. 能够主动、大胆地介绍自己的作品。
3. 乐于参加美术活动，在活动中获得愉快的情绪体验。

活动重点：

能够将自己观察、感知的银杏树用绘画的方式表现出来。

活动难点：

能够大胆表现、表达自己的想法。

活动准备：

经验准备：有过写生的经验，初步认识树叶。

物质准备：水彩笔、画纸、画板、小地垫、材料筐。

活动过程：

一、谈话导入

提问："小朋友们，今天我们一起去看看幼儿园里秋天的景色。你们都认识这些树吗？什么树的叶子是绿色的？什么树的叶子是红色的？什么树的叶子是黄色的？什么树的叶子像黄色的小扇子？"

幼儿和老师边走边观察各种树的叶子。

二、观察银杏树的叶子、果子、树干，了解银杏树的特征

（一）幼儿捡拾银杏叶、银杏果，仔细观察它们的特征

提问："银杏树叶像什么？什么颜色的？你还发现了什么？银杏果什么样？闻闻是什么味儿的？你还知道关于银杏果的秘密吗？"

依依说："银杏果子是黄色的，上面还有一层白白的霜，是椭圆形的，小小的。"乐乐说："银杏果子像葡萄那么大，有白色，有绿色，它会变色的。"可可说："银杏果子臭臭的，不能吃。"花花说："银杏果可以吃，是酸酸的，还有很多营养呢！"

（二）观察银杏树的树干

提问："银杏树的树干是什么样子的？"

依依说："银杏树的树干特别粗，树干向外延伸，看起来非常繁茂。"乐乐说："银杏树的树干特别直。"浩浩说："树干有好多纹路，是干裂的粗纹路。"可可说："我很喜欢观察树干的纹路，我觉得好神奇，怎么会有这么多纹路，而且都不一样。"

三、教师出示绘本，丰富幼儿对银杏树的感知经验

师："小朋友们刚才仔细观察了银杏树，其实银杏树还有很多秘密呢，让我们一起听一听吧！"

四、幼儿用绘画的方式大胆表现银杏树

1. 播放音乐，幼儿绘画，表现观察和了解到的银杏树（图3-113）。

2. 教师观察、指导，用不同方式引导幼儿进行创作，鼓励幼儿大胆表现自己观察到的银杏树。

图 3 - 113

五、交流分享

1. 小组分享：幼儿相互交流自己的作品，教师鼓励幼儿大胆讲述。
2. 集体分享：幼儿大胆介绍自己的作品，教师进行小结与提升。

六、自然结束

师："今天，小朋友们画了漂亮的银杏树，幼儿园里还有那么多不同样子的大树，我们有时间再一起来画一画。"

活动总结：

要善于发现和保护幼儿的好奇心，充分利用自然和实际生活中的机会，引导幼儿通过观察、比较、操作、实验等方法，学会发现问题、分析问题和解决问题，帮助幼儿不断积累经验。

本次活动巧妙利用秋天的季节特征，结合幼儿的兴趣，与幼儿一起亲近自然，在自然环境中进行艺术的感受和创作。在活动中，孩子们以银杏树为探究载体，学会观察自然、艺术想象、大胆创作，尝试运用观察、比较、绘画等多种途径发现与银杏树有关的趣事，并用多元化的表征方式表达自己在探究过程中获得的快乐体验。

其实关于银杏树的知识还有很多，比如生长状态、生长方式、特殊作用等。孩子们在与银杏树近距离接触后，会因兴趣产生更多的深度学习活动，沉淀出硕果，期待下一次的精彩活动吧。

（张添添）

树叶创意画（美术活动）

活动背景：

秋去冬来，树叶枯萎，树林里、操场上、游戏区到处都是落叶，孩子喜欢得不得了。于是，我和孩子们与树叶一起做了很多好玩的游戏，勒老根儿、树叶书签、树叶面具、树叶灯笼等，孩子们玩得不亦乐乎。针对形态各异的树叶，孩子们也展开了各种想象，生成了此次树叶创意画活动。

活动目标：

1. 能自主选择不同形状、颜色的树叶进行创意创作。
2. 对树叶创意画感兴趣，能够借助想象进行创意拼贴。

扫码欣赏作品

活动重点：

自主选择不同形状、颜色的树叶进行粘贴。

活动难点：

能够借助想象进行创意画制作。

活动准备：

经验准备：幼儿有过捡树叶的经验，并且能讲述捡树叶过程中发生的事；幼儿了解不同树叶的形状、颜色。

物质准备：幼儿寻找的各种树叶、树叶粘贴画作品、浆糊、蜡笔、毛巾、小盘子等。

活动过程：

一、观看家长和幼儿一起寻找树叶的照片，说说寻找落叶时发生的事

提问："照片中的小朋友在做什么呢？他捡的是什么树叶？这些树叶像什么？"

小结：有的树叶像心形，有的像圆形，还有的像扇形，每片树叶的大小、颜色和形状都是不同的。

二、欣赏拼贴画，激发幼儿创作拼贴画的兴趣

1. 教师："老师给小朋友们带来了几幅拼贴画作品，我们一起来欣赏一下。拼贴画中做的是什么，是用什么树叶做的？我们有这么多树叶，你们想不想制作一幅拼贴画？"

2. 幼儿观察树叶，说一说想用树叶拼什么。

三、幼儿制作拼贴画

1. 讨论制作树叶拼贴画需要的材料。

幼儿："树叶、胶棒、笔。"

师："制作过程中我们要注意什么？"

幼儿："轻拿轻放，在纸上涂胶棒，物归原位等。"

2. 幼儿分组自由选择材料。

3. 幼儿制作树叶拼贴画。教师适时介入，关注幼儿行为习惯，引导幼儿大胆表现。

四、幼儿作品分享

提问："说一说你做的是什么？都用了哪些形状的树叶？"

活动延伸：

在美工区继续投放各种树叶，鼓励幼儿继续发挥想象进行创作。

活动总结：

如何挖掘季节资源支持幼儿在游戏中获得发展，是我们在开展课程活动中思考的问题。秋季的落叶较多，形状各异、颜色不同，是孩子们喜欢的自然材料，于是，我支持幼儿回归大自然，巧妙利用这一"活教材"，开展丰富的游戏活动，鼓励幼儿大胆借助树叶的形状进行充分想象，促进幼儿想象力、创造力的发展，获得艺术感知能力和自信。

（刘梦佳）

小树叶的旅行（创编儿歌）

活动背景：

秋天到了，树叶开始飘落。户外活动的时候，孩子们兴奋地发现小树叶飘到了地上、滑梯上、玩具上等。为了让孩子们感受秋天的美丽，激发幼儿热爱自然的情感，结合小班幼儿喜欢短小、精练的儿歌的年龄特点，设计了此次活动。

扫码欣赏作品

活动目标：

1. 喜欢跟读儿歌，并理解儿歌的主要内容。
2. 尝试用"小树叶飘呀飘，飘到了××上，××你好!"的句式进行创编。
3. 能够用自然的声音说儿歌，感受儿歌的韵律美。

活动重点：

尝试用"小树叶飘呀飘，飘到了××上，××你好!"的句式进行创编。

活动难点：

能够创编出"小树叶飘到了××上"，并用语言表达出来。

活动准备：

经验准备：幼儿发现树叶飘落下来。

物质准备：PPT、树叶、轻音乐、黑板。

活动过程：

一、情境导入，激发幼儿兴趣

出示动态 PPT（树叶飘落的情境）导入活动，激发幼儿兴趣。

师："孩子们，你们看谁来了?"

幼儿："哇! 树叶，是树叶飘下来了。"

师："一起来看看小树叶飘到了哪里?"

二、学习儿歌，感受儿歌的韵律美

1. 教师逐一展示 PPT（滑梯、轮胎、小花），并朗读儿歌：

小树叶飘呀飘，飘到了滑梯上，滑梯你好!

小树叶飘呀飘，飘到了轮胎上，轮胎你好!

小树叶飘呀飘，飘到了小花上，小花你好!

2. 师幼一起朗读儿歌。（播放轻音乐）

3. 教师逐一展示新的 PPT 图片，师幼再次朗读儿歌，伴随动作，感受"飘"的含义。

三、集体创编，尝试用"小树叶飘呀飘，飘到了××上，××你好!"的句式进行创编

1. 提问："今天，小树叶飘到了小三班来做客，你们看小树叶飘到小三班

哪里了？"

（幼儿在班里寻找老师提前藏好的树叶，找到树叶的幼儿尝试用"小树叶飘呀飘，飘到了××上，××你好！"的句式进行创编表达。）

2. 幼儿创编，教师将幼儿创编的内容展示在黑板上。

3. 完整朗读创编的儿歌，体会创编的快乐。

活动延伸：

师："小树叶还去了很多地方，我们一起去户外看看小树叶还到哪儿去旅行了。"

活动总结：

《指南》明确指出：幼儿的语言学习需要相应的社会经验支持，应通过多种活动扩展幼儿的生活经验，丰富语言的内容，增强理解和表达能力。秋天象征着成熟，能给人们带来收获和喜悦。秋风扫过，树叶纷纷落下，孩子们对这一自然现象特别感兴趣。教师抓住这一契机，有效利用自然资源，通过游戏促进幼儿语言表达的愿望，让他们在游戏中获得语言的发展。

本次教育活动的儿歌简单、短小，所以目标主要聚焦于学会儿歌，理解其内容，并尝试创编儿歌，支持幼儿感受秋天树叶飘落的自然景色，丰富想象力，敢于大胆交流和表达。在活动过程中，幼儿积极主动地与老师互动，完成了本次活动的目标：幼儿能够创编出"小树叶飘到了××上"，并能用语言表达出来。

（周海霞）

探索冬日秘语（社会活动）

活动背景：

一转眼，秋天变成了故事，冬天变成了风景。寒冷的冬天已经到来，幼儿对冬天带来的变化产生了浓厚的兴趣。《指南》提出：幼儿园应多为幼儿提供自由交往和游戏的机会，鼓励他们自主选择、自由结伴开展活动。于是，为了追随幼儿的兴趣和好奇心，引导幼儿充分观察、感受季节的变化，我们开展了此活动，鼓励幼儿以小组的形式调查关于冬季的问题，更好地激发幼儿的好奇心和探索欲，萌生热爱大自然的情感。

活动目标：

1. 幼儿能以分工合作的方式，围绕冬季的问题展开调查活动。
2. 能够大胆且有礼貌地进行调查活动，声音洪亮、表达清晰。
3. 愿意分享自己发现的有趣的人或事，对周围的变化感兴趣。

活动重点：

幼儿能以分工合作的方式，围绕冬季的问题展开调查活动。

活动难点：

能够大胆且有礼貌地进行调查活动，声音洪亮、表达清晰。

活动准备：

经验准备：对冬季有一定的认知经验。

物质准备：调查表、笔、垫板、课件。

活动过程：

一、谈话引发幼儿兴趣

出示小树叶的视频，引发幼儿对冬季变化的思考。

二、活动过程与指导

（一）引发谈话，激发幼儿兴趣

提问："小朋友们，现在是什么季节，你有什么感受？"

语嫣："冬天，我觉得天气变冷了，我穿的衣服都多了。"

美溪："我看不到小蚂蚁和燕子了。"

提问："为什么会有这样的现象？冬季天气寒冷，怎样才能让身体暖和起来呢？小动物不见了，它们去哪儿了？前期，我们做了问题调查表，现在请尝试调查身边的人来寻找答案吧。"

（二）幼儿进行分工合作

（1）幼儿分组合作：自由组合分为 4 组。

（2）小组讨论分工：幼儿自由交流分工，教师请每组代表上来说一说分工情况。

（3）出示调查记录表，教师提示使用方法。

（三）幼儿出发调查

（四）小组分享调查结果（图 3 - 114，图 3 - 115）

图 3 - 114

图 3 - 115

彤彤："我们组调查的问题是'树叶都落下来吗？'答案是松树和柏树的叶子不全掉落。"

然然："我们组调查的问题是'小动物都冬眠吗？'答案是不是所有的小动物都冬眠，小乌龟和蛇冬眠，燕子是去温暖的地方过冬，小蚂蚁是提前储藏食物。"

三、活动小结

师："今天我们做了一个小调查，小朋友们通过这次活动不仅了解了冬天这些变化的原因，而且在分工合作的过程中产生了集体荣誉感。那么调查的结果是否正确呢？我们可以和家长一起查阅资料进行验证，下次活动时进行分享。关于探索冬日的小秘密还有一些小问题，小朋友们可以回家向爸爸妈妈、爷爷奶奶进行调查。"

活动延伸：

利用网络、书本查看幼儿调查答案的准确性。

活动总结：

幼儿已有对冬日现象的初步认识，但是对现象的形成原因不是很清楚。大班幼儿喜欢追随自己感兴趣的事情，于是幼儿带着自己的问题开始进行调查。在调查前，大班幼儿已有分工合作的意识，能小组商量讨论分工内容。在调查过程中，幼儿大胆表现，敢于围绕一个问题进行阐述询问。在调查活动后，愿意把自己收集的材料和大家分享，表述清晰。

《幼儿园保育教育评估指南》中提到要充分尊重和保护幼儿的好奇心和探究兴趣，相信每一个幼儿都是积极主动、有能力的学习者，最大限度地支持和满足幼儿通过直接感知、实际操作和亲身体验获取经验的需要。基于此，我们结合大班幼儿社会领域的目标，将这次活动的主动权交给幼儿，老师适时点拨，让每一个孩子都可以真正地成为学习的主人，从而完成本次活动的教学目标。

（刘歌）

下雪啦（绘画活动）

活动背景：

雪对于孩子们来说充满了魔力，深深地吸引着孩子们。恰逢冬季，下了一场大雪，幼儿园的大操场成了孩子们游戏的乐 扫码欣赏作品 园，孩子们尽情地在雪地上撒欢儿、打滚儿、堆雪人、打雪仗，玩得可开心了。如何让孩子们把这开心的时刻保留下来呢？《指南》指出，要支持幼儿运用多种方式进行表现。于是，我们开展了绘画活动，鼓励幼儿运用绘画的形式将自己的感受表达出来，通过线条进行展现。

活动目标：

1. 能够运用线条画表现人物及下雪的场景。
2. 敢于大胆创作并进行表达。

活动重点：

用线条表现人物及下雪的场景。

活动难点：

尝试展现人物的形态和神情。

活动准备：

经验准备：观察过下雪的场景，玩过打雪仗、堆雪人等游戏。

物质准备：彩笔、纸、音乐。

活动过程：

一、运用玩雪的照片引发回忆，回想起玩雪时快乐的心情

1. 出示幼儿玩雪、打雪仗时的照片。

2. 谈话交流，调动已有经验。

提问："这张照片上的小朋友是谁，他们在干什么？"

小木说："这是我们在玩雪呢。"豆豆也迫不及待地说："是的，我们在打雪仗呢。"可爱说："我堆了一个大雪人。"

追问："和谁一起玩，玩了什么？心情怎么样？"

双儿说："我和小雨一起，我们可开心了，我们喜欢玩雪。"奶茶说："我也喜欢，我们打雪仗的时候躲到老师的后面，我抱着老师，他们就打不到我了。"

继续追问："是怎样追和跑的？堆了一个什么样的雪人呢？"

轩轩说："我向元元扔了一个雪球就跑，他边追边喊'我的大雪球要追上你啦'。"汐汐说："我做了一个超级雪球炮，但是打在身上一点也不疼。"

二、画一画，将玩雪时的游戏情景和心情用绘画的方式表现出来

1. 幼儿创作，播放音乐（图3-116，图3-117）。
2. 教师关注幼儿的创作情况，及时给予肯定和引导。

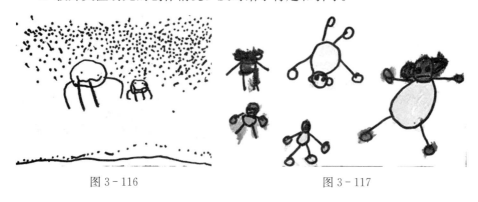

图3-116　　　　　　　　　　　　　图3-117

三、分享作品

师："说一说画面中的内容是什么，讲一讲作品中的故事。"

活动延伸：

将幼儿的作品制作成小书，随时翻阅及讲述。

活动总结：

《幼儿园保育教育质量评估指南》中指出：要重视幼儿通过绘画、讲述等方式对自己经历过的游戏、阅读图画书、观察等活动进行表达表征。此次活动中，教师抓住了教育契机，及时有效地为幼儿提供了用绘画表达和创作的机

会，支持幼儿回味、还原玩雪时的趣味情景。

（杨瑛）

我把冬天留下来（综合活动）

活动背景：

"刘老师，天气太冷了，树上的叶子都飘下来了，我的耳朵冻得都疼，我的手都伸不出来，我家的车窗上都是霜，水都结冰了……"孩子们每天都在说着自己的新发现，从他们的观察和感受中表达冬天的特点。《纲要》中提出：教育资料的选取既要适合幼儿的现有水平，又有必需的挑战性；既要贴合幼儿的现实需要，又要有利于其长远发展；既要贴近幼儿的生活来选取幼儿感兴趣的事物和问题，又要有助于拓展幼儿的经验和视野。《幼儿园保育教育质量评估指南》也提出：要重视幼儿通过绘画、讲述等方式对自己经历过的游戏等进行表达表征。基于此，我们开展了本次活动，支持孩子们把自己的感受记录下来，做成图书，感受成功的喜悦。

活动目标：

1. 通过制作小书，愿意用图画和符号表示各种冬天的事物和故事。
2. 能够分工合作制作小书，并大胆讲述故事内容。
3. 在制作小书的过程中获得成就感。

活动重点：

幼儿愿意用图画和符号表示各种冬天里的事物。

活动难点：

能够与同伴分工合作制作图书。

活动准备：

经验准备：了解图书的基本构成，有过分工合作的经验。

物质准备：自制图书、图书（一本）、画纸、彩笔、胶棒、订书器、轻音乐。

活动过程：

一、出示寻找冬天的图片，感受冬天带给我们的快乐

提问："冬天到了，我们小朋友一起寻找过冬天。你们是怎么发现冬天来

到我们身边的?"

梓恩说:"每天走在路上感觉地硬硬的。"子霖:"我们小朋友都穿得厚厚的,我还戴着帽子和耳罩呢。"宇轩说:"小动物都藏起来了,都冬眠去了。"旭冉:"前两天一场大风把树叶都吹下来了。"

教师小结:小朋友们观察得真仔细。发现小动物藏起来了,大风把树叶都吹下来了,我们穿上了厚厚的衣服。这些都在告诉我们冬天来了。

提问:"我们怎样才能把冬天的这些变化保留起来,让大家都可以看到、了解到呢?"

睦瑶:"我们可以拍照。"梓鑫:"我们可以把冬天的变化画下来。"雨馨:"我们还可以自己制作相框,把冬天的变化放在相框里。"明希:"我们还可以把冬天的变化画下来,制作成小书放到图书区,这样我们每天都可以看到。"

教师小结:小朋友们发现有很多办法可以把冬天留下来,经过讨论,那今天我们就一起尝试用制作小书的方式把冬天留下来吧。

二、回顾图书的组成部分,制作冬天的小书

(一)展示图书,说一说图书的组成部分

提问:"图书的最外面叫什么?上面告诉我们哪些信息?封底有什么?(书名、出版社等)"

引导幼儿关注图书内的页码(有顺序地数),了解页码的作用。

教师小结:书是由封面、封底、内页组成的。封面是书的"面孔",印有书名、作者、出版社等。封底印有类别、价格等。内页的下方标有页码帮助书页排序。

提问:"我们怎样合作完成?"(一起商量书名,商量要画的内容,一起绘画,最后装订成小书。)

(二)幼儿分组,合作制作冬天的小书

提问:"你想做一本关于冬天什么内容的书呢?"

小组长带动组内人员商量需要的材料,并作为代表去选择制作图书的材料,带领组内人员一起商量书名、封面画什么、内文怎么画等。在制作图书的过程中,小朋友相互协作,最终完成了属于他们自己的故事书。

三、幼儿交流、分享

提问:"请每组出一个代表介绍自己组的图书介绍了一个怎样的故事。"

活动延伸:

把制作的小书投放到图书区,让其他小朋友一起读一读(图3-118,

图3-119)。

图3-118　　　　　　　　　　　　　　　图3-119

活动总结：

《纲要》中提出：指导幼儿利用身边的物品或废旧材料制作玩具、手工艺品等来美化自己的生活或开展其他活动。同时支持幼儿自主地选择、计划活动，鼓励他们通过多方面的努力解决问题，不轻易放弃克服困难的尝试。此次活动中，教师指导幼儿寻找制作图书的材料，然后将所记录的关于冬日的事物和故事制作成图画书。小朋友们在一起讲述故事内容，都沉浸在制作图书的快乐之中。

（刘亚健）

第四节　在经验梳理中遇见美好
——成果分享

在课程推进的过程中，我们时而回顾、时而畅想，喜悦于我们走过的一段又一段路，惊喜于我们和孩子、幼儿园共同成长、共同进步。用心梳理、用爱记录，记录美好的课程故事，梳理教师的心路历程和经验成果，这是一件幸福的事。

浅谈自然生态资源在幼儿园生活化课程中的运用

大自然中蕴含着丰富的教育资源，大自然是幼儿生活的广阔天地。感受自然、亲近自然，引导幼儿在自然环境中茁壮成长，是幼儿教育的目标之一，也是幼儿教育的科学理念。在幼儿园教育活动中，营造适宜幼儿成长的自然环境，带领幼儿接触了解大自然，能够极大地提升教育成效，也能为幼儿搭建与大自然互动的桥梁。通过构建自然生态活动区的形式，将自然环境引入幼儿园，使之成为生活化课程的一部分，鼓励支持幼儿参与自然生态活动区的活动，接触感受自然界的各种生物，从而提升幼儿的自然意识，促使幼儿在生活化的课程中汲取知识、充沛情感、实现成长。

一、环境创设——营造自然成长环境

（一）设计自然景观，领略不同风景

《纲要》中指出：环境是重要的教育资源，应通过环境的创设和利用，有效地促进幼儿的发展。幼儿园自然生态活动区的创设，应该以自然环境为模板，将各种类型、风格的自然景观复刻在幼儿园这一特殊的教育场所中，通过环境创设，带领幼儿领略不同的风景，体验自然的无穷变化，体会绿色生态之美，产生对自然环境的热爱。一个良好的幼儿园成长环境，不仅可以带给幼儿愉悦的体验，而且能够成为幼儿一生的美好回忆。陶行知先生曾指出："不与现实生活相联系的教育就不是真正的教育。"生活中的自然环境恰恰是幼儿所熟悉的环境，也应当成为幼儿园生活化课程体系的一部分，成为幼儿园致力于打造的适合幼儿的成长环境。

在自然景观设计上，可以结合幼儿园已有的资源来展开。幼儿园中的大自然是幼儿最好的教科书。幼儿园里的各种自然元素也成为自然生态活动区不可或缺的部分。比如，幼儿园里有郁郁葱葱的大树，教师就可以在夏天带领幼儿在树下乘凉，聆听知了的鸣叫；冬天下雪时，为幼儿提供几个滑板，使幼儿有了与自然亲密接触的多元方式；利用幼儿园的小斜坡创建滑梯，在土堆的侧面设计凹洞，形成捉迷藏的私密空间；选取天然细软的黄沙设置沙水区，并投放各种辅助材料等，使幼儿可以在玩沙子的过程中体验到无穷的乐趣。融入本土的元素与特点，将生活中常见的自然景观融入幼儿园自然生态活动区的创设中，无论是玩沙区、玩水区，还是森林探险区，都成为活动的区域。在自然生态活动区开展多元的活动，体现出了生活教育的理念要求，也能够实现本土文化的传播传承。

（二）融入生活经验，感受自然变化

在自然生态活动区开展活动时，教师可以有意识地将幼儿关于自然生态的生活经验融入活动之中，使幼儿可以感受自然的变化，了解更多的知识。在户外活动区域，种植季节特征明显的植物，如春天的迎春花、垂柳，夏天的向日葵，秋天的菊花、蔷薇花，冬天的绿竹等。这些植物生长在幼儿园户外的一隅，随四季的更迭而生长枯萎。幼儿可以在幼儿园里直观地感受植物的生长变

化。在自然生态活动区增加饲养角，将各种动物安置在其中。在饲养角，幼儿可以观察动物的特征，将生活经验与动物的成长等结合起来。比如在观察冬眠的小乌龟时，幼儿会产生思考，如究竟什么是冬眠，动物为什么会冬眠，冬眠的小动物是什么状态的等。这些问题结合了幼儿的生活经验，体现出教育的渗透性与整合性，也能激发起幼儿学习探究的热情，引导幼儿去探索自然世界中更多的奥秘。

（三）利用多元材料，激发探索兴趣

在自然生态活动区的环境创设过程中，幼儿不仅应是环境创设的受益者，也应当成为环境创设的参与者。通过合理地利用各种材料，幼儿增强了动手操作的积极性，提高了探索的主动性，为自然生态活动区的美化带来更多的可能，也能实现个性化成长的积极目标。

教师应为幼儿提供多元、丰富的材料，尤其是自然材料，鼓励幼儿利用自然材料进行自然生态活动区的环境创设。给幼儿提供动手实践的机会，用各种材料装饰活动区域。在家长的陪伴下，幼儿将生活中常见的自然材料带到幼儿园，通过对自然材料的加工利用，进一步美化自然生态活动区。如农村地区的幼儿可以将家庭中常见的高粱秸秆等带到幼儿园，在老师的带领下，制作成草帽，既可以用来装饰活动区域，又可以戴着草帽在幼儿园的自然环境中畅玩。

创设极富本土特色的自然生态活动区域，通过幼儿的广泛参与、动手制作，不断完善环境，优化环境，从而为各项活动的推进、幼儿生活经验的获取升华等奠定良好基础。

二、实践探究——获得自然成长动力

（一）体验、感受、表达自然之美

无论是在户外的活动区域，还是在室内的自然角，都将自然资源融入幼儿活动的区域和空间，使幼儿有充裕的时间去体验、感受，并且通过自己的方式来表达、感悟自然之美。在户外活动空间，幼儿与幼儿园的自然生态环境亲密接触，观察植物的生长变化，欣赏四季不同的自然美景，能够切实体验到自然界的乐趣与美感，从而提升审美能力与艺术素养。原生态、淳朴、自然的美，是幼儿在大自然的生态空间中直观体验感受到的，这种体验是对幼儿的直接刺激，能够在幼儿心中留下深刻的印象。

自然生态活动区的设置，是为了带领幼儿领略感受自然生态之美。教师的引导与鼓励能使幼儿尝试用自己的方式来表达对自然之美的欣赏。也就是说，幼儿园自然生态区域的活动，可以与五大领域的教育教学活动有机结合起来，与生活化课程体系的内容统一起来。因地制宜，开发自然资源，在有趣的区域活动中，幼儿与教师、同伴之间的沟通交流更频繁，语言表达能力得以提升。

教师可以开展"每日天气播报"活动，引导幼儿关注自然环境中天气的变化，并与幼儿园里的自然环境结合起来。在适宜的时机，教师可以引导幼儿聊一聊对自然界中各种美好事物的看法等。幼儿园自然生态活动区的存在及各种活动的开展，为幼儿营造出想说、敢说、会说的语言环境；通过语言交流又能带领幼儿建构新的知识，促进幼儿社交能力的提升。户外自然生态活动区的设置，使幼儿的运动能力得到提升。如利用大小不一的树墩、装饰藤蔓设置障碍，组织开展"丛林大冒险"等户外游戏活动。在自然生态活动区，教师鼓励幼儿用手中的画笔描摹出心中美好的自然，使幼儿对自然美的感受、欣赏及表达能力等均得到有效提升。

（二）启发、引导、支持科学探究

在幼儿园生活化课程中，自然生态区创设了有利于幼儿进行自然科学知识学习及科学探究的良好环境。因此，在活动过程中，教师也应格外关注幼儿的表现，重视幼儿的提问，从而选择在合适的时机对幼儿进行引导，形成科学探究的浓郁氛围，帮助幼儿实现探究学习能力的提升。

幼儿在自然生态活动区的活动是与自然近距离接触的过程。在这一过程中，幼儿会产生各种疑问，如秋天树叶为什么会落下？动物为什么会冬眠？台风是什么？很多的雪堆积在一起为什么不会融化？这些疑问中蕴含着丰富的教育契机，教师既要鼓励幼儿发问，又要积极回应幼儿的提问，支持他们的猜想，带领他们一起去寻找答案。尤其是要注重幼儿探究的过程，支持幼儿进行科学探究活动，从而使幼儿在探索中获得更多的乐趣，获取更丰富的知识。

（三）家园互动提升活动效果

自然生态活动区的活动不仅要有教师及幼儿的广泛参与，也应该有家长的支持配合。家园的沟通互动为活动区域增添更多的本土特色，也能丰富活动材料，完善生活化课程内容体系，真正将自然生态区的活动与生活教育的理念统一起来、结合起来。

例如，邀请种植经验丰富的家长来到幼儿园，与幼儿一起观察植物生长的情况。家长向幼儿讲解植物生长过程中需要注意的事项，从浇水、施肥再到除虫，一应俱全。邀请有摄影经验的家长来到幼儿园，拍摄幼儿在自然生态活动区的视频等，经过剪辑加工，形成趣味十足、内容丰富的活动片段集锦。在幼儿园种植的蔬菜成熟后，组织家长们参与"蔬菜义卖"活动，既能使幼儿体验到种植蔬菜的艰辛，从而更珍惜蔬菜，又能将义卖所得的钱款用于公益事业，培养幼儿的爱心。在自然生态活动区的"攀岩墙"项目中，家长为孩子加油鼓劲，参与到幼儿的活动中，也能带来不一样的活动体验。从自然生态活动区环境创设及教学内容的设计，到活动区中各种趣味十足的亲子活动，再到线上交流沟通时对家长意见建议的采纳，家长资源的合理利用，充实了幼儿园生活化

课程的内容体系，形成了家园教育合力。

三、潜移默化——培养优秀品质

（一）主动学习，养成良好习惯

构建自然生态活动区，是幼儿园生活化课程内容体系的一部分。活动区各种探索学习活动可以帮助幼儿在潜移默化中获取更多的知识，培养良好的习惯，实现健康成长。

在植物角观察植物时，幼儿可以用自己的方式记录植物的生长变化，从而形成坚持记录、认真钻研的学习习惯。对于在自然生态活动区中遇到的各种困惑和难题，教师有意识地引导幼儿通过查找图书资料，或是与家长一起上网查找资料的方式，获得更多与自然生态环境相关的知识。在这一过程中，幼儿在观察思考中形成问题，并通过各种探究方式去解答问题、得出结论，形成主动探索的良好习惯。

（二）积极尝试，提升意志品质

幼儿园自然生态活动区的创设，给了孩子们与大自然亲密接触的机会，使幼儿得以了解、掌握更多与自然科学相关的信息，同时通过与活动区的有效互动，形成良好的意志品质。

例如，在对自然生态活动区"植物角"的管理中，教师可以有意识地引导幼儿"认领"植物，做植物的"小主人"，引导幼儿为植物浇水，观察植物生长的过程等。每天，幼儿有充裕的时间与植物共处，不仅可以近距离地观察了解植物，而且可以直观地感受植物的生长变化，还能够通过参与照料植物的活动，增强责任意识。在户外活动区域，行走在崎岖的石头上，攀爬在攀岩墙上，幼儿不仅不畏惧困难，主动尝试，而且能够理解胜利来之不易。勇敢、自信、坚毅、不轻言放弃等优秀的品质，能够通过自然生态区活动的开展得到提升，落实幼儿园德育的目标。

（三）爱护自然，形成环保理念

幼儿在自然生态活动区与自然紧密接触的过程中，直观感受到了自然万物的生长变化，体验到了自然界之美，激发起热爱大自然的积极情感。教师适时地教育和引导，也能帮助幼儿形成爱护自然、保护生态环境的科学理念。只有在充分接触自然的基础上开展的环境保护教育，才能更贴近实际，才能加深幼儿的印象，从而起到事半功倍的教育成效，引导幼儿形成科学的生态环保理念。

在与自然界动植物接触的过程中，幼儿不仅能够感受到生命的神奇，而且能够做到敬畏生命，爱护自然界的各种生物。在学习探究自然科学知识的过程中，教师可以将保护生态环境相关的知识传授给幼儿，使幼儿形成保护环境的主动性；在回归自然、回归生活的教育中，幼儿得以形成积极向上的情感，形成科学的生态保护理念，掌握保护环境的知识，在保护生态环境方面做出自己的贡献。

幼儿园的生活化课程，充分利用幼儿亲近自然热爱自然的特点，为幼儿打造环境适宜、内容丰富、层次多元的自然生态活动区，支持引导幼儿主动参与到生态活动区的活动中。幼儿园充分挖掘这一特定活动区域的优势和价值，帮助幼儿实现全面健康成长。具体而言，科学利用自然生态活动区，就要遵循生活教育的理念，同时采取针对性的措施，如通过环境创设，营造出幼儿感兴趣的活动区域；通过实践探究，指导幼儿在自然生态活动区学习掌握各方面的知识经验，提高动手操作能力；通过潜移默化的熏陶，帮助幼儿形成良好的意志品质，引导幼儿树立保护生态环境的理念。

（王岩）

对自然材料融入幼儿园美术活动的思考

丰富多元的自然材料是幼儿园开展美术活动的资源支持。将自然材料融入幼儿园美术活动，鼓励幼儿发挥想象力和创造力对自然材料进行改造，赋予其美感，使之成为优秀的美术作品。自然材料在幼儿园美术活动中，可以通过其色彩、构图及造型的变化等发挥出作用，为美术活动增添趣味和活力。对幼儿教师而言，正确认识自然材料在美术活动中的价值，广泛地搜集自然材料，科学地筛选自然材料，积极地引导幼儿利用自然材料，才能使幼儿发挥出想象力与创造力，使自然材料焕发出光彩，以独具特色的美术作品方式呈现，带给幼儿更多美的体验，引领幼儿实现美术创造能力的提升。

一、自然材料在幼儿园美术活动中的呈现方式

（一）自然色彩点亮美术课堂

色彩是幼儿园美术活动中应用最广泛的元素，同时深受幼儿喜爱，它能够点缀美术课堂，激发幼儿对美术学习的兴趣。将自然色彩带到幼儿园美术活动中，通过色彩来进行美术的表现及表达，能引领幼儿去认识自然、感受自然的美。

与幼儿一起寻找大自然中的色彩，带领幼儿形成对色彩的基本认知，能使幼儿切实感受到五彩缤纷的自然美感。春天是一片生机盎然的绿色，夏天是充满活力的蓝色，秋天是代表丰收喜悦的黄色，冬天则是茫茫一片的白色。自然界犹如持有魔法棒的仙女，轻轻挥舞，染色一片，自然万物都有了光辉。教师鼓励幼儿思考与回忆，用色彩来描述四季的变化，用色彩来表达自然的美丽，

引导幼儿形成对色彩的浓厚兴趣，欣赏体会自然的艺术之美。

例如，设计充满趣味的"自然染色"活动，将自然材料，如树枝、绿叶、棉花、花朵等带到美术课堂上，引导幼儿通过画、浸、染等形式描摹出五彩世界。小朋友们用树叶和各色花朵的汁液等浸染白色的纸巾，感受色彩在纸巾上一点点蔓延，感知自然万物的独特色彩；用树枝、棉花等蘸上各种颜色的颜料，在画纸上随意创作，颜料与自然材料的组合极大地丰富了美术活动的内容，也使得色彩与自然材料巧妙地融合起来，赋予了色彩更丰富的内涵和更多元的呈现。色彩是最具表现力的美术要素，也是能够直抵内心深处、可以进行情感表达的载体。在自然万物中感受色彩，将色彩与自然材料结合起来，赋予自然更多的艺术表现形式，提升幼儿对色彩的敏感度，也能助力幼儿审美素养的进一步提升。

（二）自然构图激发美术想象

将自然材料运用到幼儿园美术活动中，通过不同颜色、材质、形状的自然材料引导幼儿学习美术构图的技巧，鼓励幼儿动手完成美术作品，使美术活动充分激发幼儿的想象力，带领幼儿进入艺术殿堂。

春天，采集掉落的花瓣带到课堂上，用花瓣设计组合成脸谱、小动物等。在教师的引导下，幼儿制作立体花瓣贺卡，在母亲节时，将代表爱意的贺卡送给妈妈，感谢妈妈对家庭的付出。自然材料与美术活动的结合成为承载爱意的美术作品，将积极的情感传递给幼儿，也能起到美育的效果。

夏天，将户外活动中幼儿十分喜爱的沙子带到课堂上，开展沙画美术活动。教师通过多媒体设备等播放沙画的创作视频等，与幼儿一起欣赏专业人士运用沙子进行美术创作表达的过程，带领幼儿感受沙画的艺术魅力，激发幼儿参与沙画活动的兴趣。用一个个托盘将沙子装起来后铺平，鼓励幼儿自行在沙子上作画。一边玩沙子，一边进行绘画创作，幼儿乐此不疲，又能体验到别具一格的创作形式。教师还可以引导幼儿先用胶棒在沙盘上涂抹出形状，如简单造型的小动物、树叶、花瓣等，再将沙子铺到沙盘中，最后倒出沙子，留在沙盘上的沙子与胶黏合在一起，形成了最终的美术作品。

秋天，家长与幼儿一起捡拾飘落的树叶，将颜色形状迥异的落叶在纸上拼成不同的造型，形成了富有创意的美术作品。在拼贴的过程中，幼儿尝试用不同种类的落叶来进行造型设计，使之最终呈现出一幅完整的作品。幼儿在与家长一起创作的过程中，想象力得以激发，动手能力得到提高，亲子关系也会更加和谐。

冬天，教师与幼儿一起堆雪人，使"雪"成为美术创作的材料和载体。在户外，小朋友们把雪收集起来，团一个大雪球、一个小雪球，用大雪球当身体，用小雪球当头，放两粒黑豆当眼睛，一个活灵活现的小雪人就完成了……

小朋友们把搭成的雪人在纸上画出来，并将自己的作品介绍给老师和同伴，实现美术创作的目标，使绘画真正成为幼儿表达思想与情感的有效方式。

（三）自然造型发挥创造思维

在幼儿园美术造型活动中，恰如其分地应用自然材料，也能极大地调动幼儿参与创造的积极性，活跃幼儿的思维，从而完成不一样的优秀美术作品，使幼儿体会到成功创作的乐趣。

例如，用各种生活中常见的材料去完成美术造型。比如，用树枝、树叶和各种废旧的瓶子等完成"大树"的造型；用萝卜做一个"数字印章"；用白菜做一个"篮球"；用高粱秆做"灯笼""眼镜"等。这些不同材质、不同造型的自然材料成为美术创意活动的支撑，丰富了幼儿在美术造型方面的想象力，也能从多个角度满足幼儿进行美术创意的造型需求。同样的材料，加入幼儿的想象力和创造力，可能会呈现出完全不同的美术造型，这也充分说明幼儿的想象是天马行空的。

二、自然材料在幼儿园美术活动中的应用策略

自然材料在幼儿园美术活动中的应用，有着色彩、构图及造型等不同的呈现，因此也极大地充实了幼儿园美术活动的内容，赋予了美术活动更丰富的层次，有利于实现美育与德育的目标。要合理科学地应用自然材料，最大限度地发挥自然材料在美术活动中的价值，也需要采取针对性的措施。具体可以从以下三个方面展开。

（一）合理收集，结合需要选择自然材料

自然界及生活中有着丰富的材料，这些材料的颜色不一、造型各异、材质不同，在幼儿园美术活动中的用途也存在差异。广泛地收集各种自然材料，可以极大地充实美术活动的资源，为幼儿美术活动的开展带去灵感，激发想象与创意，完成不一样的美术作品。广泛地搜集自然材料，使之营造出不同的艺术效果，产生不同的视觉享受，也能使幼儿在多元丰富的材料中找到更适合进行创作的部分，从而体现"创意"与"特色"。

教师鼓励幼儿广泛收集自然材料，但在美术活动中，幼儿对自然材料的选择也不应盲目随意。教师应该引导幼儿结合自己的需要，更科学地选择适宜的自然材料来进行美术创作。比如，石头材质较硬，很难用胶水等固定在纸板上，但石头上可以留下各种色彩，因此可以用来制作石头画；又如，从家中带来的玉米、玉米皮、玉米粒、玉米须、玉米棒等，都有不同的特点，幼儿可以结合自己美术创作的实际需求，选择更适合的材料。玉米皮柔软，可以用来编成麻花辫，可以用来当作绳子，玉米须可以用来表现老爷爷的胡子，玉米粒则可以成为装饰和点缀。教师为幼儿提供多元丰富的自然材料，

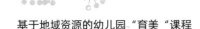

同时鼓励、引导幼儿学会对材料进行分析、整理、分类及选择，最终再应用到美术活动中。

（二）科学利用，挖掘幼儿的想象创造能力

无论是审美能力的提升，还是美术表达的实现，都需要幼儿生活经验的积累。收集、筛选的自然材料使幼儿园的美术活动有了充分的物质保障。下一步，教师的主要任务就是引导和帮助幼儿去思考、利用各种类型的自然材料。在这一过程中，充分挖掘、调动幼儿的想象力和创造力，使幼儿的美术素养得到全面的提升，也能使幼儿美育的目标得以顺利实现。

教师在给幼儿提供自然材料，引导幼儿运用自然材料进行美术色彩的渲染、美术构图及造型的创造时，应该遵循由简到繁、由易到难的原则。从最初接触了解自然材料，分析材料的特性，体验材料与美术作品之间的关联，到逐步学会选择适合自己创作的自然材料，加入自己的想象，抓住材料的特征进行艺术创造，这是一个循序渐进的过程。教师要做的是耐心等待、细心指导，及时解决幼儿在自然材料应用过程中的各种困难，给予帮助和支持，使幼儿体验到克服困难、积极创作的乐趣。比如幼儿在利用树叶进行人物绘画时，最开始只是选择一片圆形的树叶，用树叶来做"头"，用画笔画出一个个静态的"小人"。时间久了，幼儿会感觉这样的美术活动很枯燥，没有想象创造及突破的空间。于是教师及时调整美术活动的目标和方向，鼓励幼儿为"小人"设定故事情境，比如创造一个跳舞的"小人"，用银杏叶等来作为舞蹈裙，幼儿创作的兴趣也会大大增加。随着美术活动目标的丰富深化，教师也可以为幼儿提供更多的自然材料，增加其他元素，使幼儿参与创作的热情被调动起来，建构形成新的经验，进而开展更高层次的美术创作活动。充满天真与童趣的作品，是幼儿与自然材料"亲密接触"和"深入对话"的结果，也充分说明给予幼儿可以利用的自然材料，发挥出幼儿的想象力与创造力，就能收获一份惊喜。在这个过程中，幼儿美术素养的提高也是显而易见的。

（三）家园共育，提高家长参与活动的兴趣

自然材料在幼儿园美术活动中的应用，为幼儿家长参与到幼儿教育中提供了良好的契机，也为家园共育提供了支持。可以说，在幼儿园美术活动中合理地利用自然材料，使幼儿园的合作伙伴——家长，有了积极参与幼儿园美术活动的兴趣。家长的参与也可以提升幼儿园美术活动的效果。

家长大多有着丰富的生活经验，有一定的知识和职业背景，因此与幼儿一起搜集自然和生活材料，可以为幼儿园的创意美术活动提供思路和方向。教师积极与家长沟通交流，既要鼓励家长多收集可以用于美术活动的各种自然材料，又要听取家长对美术活动的建议等。同时，家长也可以有意识地通过亲子活动的形式，利用身边的自然材料进行亲子小制作、亲子美术创意活

动等。幼儿可以将亲子利用自然材料制作完成的作品带到幼儿园，与教师、幼儿一起欣赏，讲解创作想法、分享心得等。在这个过程中，幼儿产生强烈的自豪感，能够真正在美术创作的过程中体验到成功，感受到快乐。

《纲要》把儿童美术活动的个性化和创造性提到了新的高度，将"支持个性化的表达"作为美术领域活动的基本目标与价值取向，同时注重幼儿在美术活动中的情感体验与表达，强调美术活动与自然生活的紧密结合。自然材料在幼儿园美术活动中的应用，体现了自然生活与幼儿教育相结合的理念，能够引导幼儿通过美术创意活动进行思想情感的表达，有利于促进幼儿的个性化成长。总而言之，可以通过合理收集，结合需要选择自然材料，科学利用，挖掘幼儿想象创造能力，家园共育，提高家长参与活动的兴趣等方式，进一步发挥自然材料在幼儿园美术活动中的作用，促进美术活动水平的提升，助力幼儿全面成长。

（杨莹）

幼儿园儿童课程游戏化建设中自然资源的利用途径

让儿童在"玩中学"早已成为幼儿园教学的普遍共识。但在具体的实施过程中，有些游戏的开展过程并非是幼儿喜欢的，或是幼儿自主发起的。在教师预设的游戏中，老师是主导者，是游戏的"导演"，儿童成为"演员"，这显然与实现儿童"愉悦、自由、自主、创造"的课程游戏化改革目标背道而驰。真正的游戏应是贴近生活的，能让儿童感受到自己才是游戏的主人，帮助儿童实现自由的探索和发展。因此，探索自然资源在儿童游戏课程建设中的有效利用途径十分必要。

一、自然资源对开展儿童游戏的重要作用

一是自然资源为儿童游戏课程提供了取之不尽的教育资源。大自然中的材料多种多样，能够极大满足儿童的喜好。与人为加工的活动材料不同，大自然中的材料保留了物质的原有风貌，能够给予儿童更多创造、感受的机会，而不至于被人为加工的材料限制了活动的空间与可能。并且，同一种自然材料的作用也是无限的，如冰块既可以作为儿童了解季节变化的载体，又能成为探索融化与凝固的操作材料等；落叶、落花、干枯的树枝不仅可以作为艺术活动的装饰，还能成为儿童认识大小、颜色、形状、气味的途径，也能带来了解季节变迁、植物品种，体会生命消亡与再生的真实机会等[①]。同时，经过选择的自然

---

① 冯璇坤．幼儿园自然教育应坚持适宜性［J］．学前周刊·保教，北京：中国教育报，2021.08.15 第 2 版．

材料与市面上存在的没有 3C 标识、潜藏有毒有害物质的玩具相比，更为安全可靠，成本也更低。可见，自然环境中蕴藏着丰富的教育价值与教育契机，环境的多变给教育提供了无限的可能性，老师通过充分利用可接触到的自然材料，推动儿童在自然中游戏、在自然中学习、在自然中成长。

二是在自然环境中，游戏能够充分锻炼儿童的感官和运动能力。学前儿童最主要的生活学习环境就是幼儿园，而园内环境相对固定，无法完全满足他们感官发育、好奇万物、活泼好动的需求。与稳定的园内环境相比，自然环境多变化、多现象，同一个地点，几乎每天都能呈现出新的模样：雨后的土壤更湿润了，树叶随着气温降低逐渐变黄，成群的蚂蚁在搬一只死去的虫子，藏在树叶堆里的石头特别锋利，银杏树结的果子特别臭……在自然中开展游戏活动，除了能给儿童提供不同的感官体验之外，儿童的动作也能在跑、跳、爬、滚的过程中得到很大的发展。

三是自然教育活动充分体现了儿童在游戏中的主体地位。"幼儿园要遵循幼儿身心发展规律，坚持以游戏为基本活动，鼓励支持幼儿通过亲近自然、直接感知、实际操作、亲身体验等方式学习探索，促进幼儿快乐健康成长"，这是当前学前教育的基本导向。而在大自然中寓教于乐正是对这一导向的完美诠释。一方面，儿童在自然游戏中具有绝对主导权，老师只是起到合理的引导作用，游戏的规则、游戏所需的材料、完成一项任务要采取的措施等都由儿童来完成，他们互相交流、彼此协作，并能够在满足自身发展需要的同时"生成"新的心理机能；另一方面，儿童用游戏精神统治各种活动，使所有活动都带有游戏色彩，并且在活动中保持一种游戏心态，帮助儿童建立起"精神家园"[①]。

二、利用自然资源开展儿童游戏化课程的有效路径

（一）针对小班幼儿推出模仿类的户外游戏课程

爱模仿是儿童的天性，特别是小班幼儿，其语言、行为、习惯等的形成离不开对大人相关行为的模仿。模仿操作又分为无意识模仿操作和有意识模仿操作，他们自认为不会操作或者担心操作错误发生不良后果或者无意识地模仿，这也成就了儿童最初的学习。据研究，沙土游戏是小年龄段儿童最喜欢的活动。沙土的创造性极强，儿童借助铲子、小桶、模具等辅助材料进行构想和游戏。综合考虑以上两方面，以北京市房山区为例，可以组织小班幼儿在沙土区域打造"绿色大厨房"游戏。让孩子们仔细观察周边环境，利用沙土、落叶、落花、断树枝、石头等自然材料，以及提前准备的小盆、小碗、小篮子等生活

---

① 施岚. 幼儿园如何利用自然资源开展户外游戏活动的研究 [J]. 社会文化探析，2020.11.

中的道具建构厨房，通过回忆自己家里厨房的样子，模仿妈妈做饭的动作来进行游戏。该游戏能够促进儿童在观察和模仿他人的行为中学习本领。

（二）针对中班幼儿推出探究类的户外游戏课程

与小班的孩子相比，中班的孩子动作进一步发展，活动能力增强，喜欢跑、跳、攀、钻等各种活动，自行开展的游戏内容更加丰富，有一定的情节，游戏中也能与他人合作。针对中班幼儿，可以在操作自然材料的过程中，研究和发现操作的具体方法或自然材料具体的特性等。探究操作游戏非常多，如可以在秋天带领孩子们进行一场趣味横生的"自然实验"。具体的游戏环节是：让家长提前为孩子们准备好木质研磨器、篮子、纸巾等材料，组织孩子们来到铺满各种落叶的树林中。分组后，孩子们开始探究不同颜色的树叶藏着的秘密。他们拾捡不同颜色的叶子放进研磨器反复研磨，并将研碎形成的汁液滴到白色纸巾上观察颜色，逐渐明白"含绿色叶绿素多的叶子就会是绿叶，含红色花青素多的就是红叶，而含橙黄色胡萝卜素和黄色叶黄素多的就是黄叶"的科学道理。在探究多彩树叶秘密的活动中，孩子们以大自然为实验室，以石头等自然材料为工具，以大地为实验台，主动参与、乐于观察、积极思考、认真交流，势必会充分体验到探究的快乐、科学的魅力，这样有意义的操作会潜移默化地激励儿童在未来活动中的探索①。

（三）针对大班幼儿推出创造类的户外游戏课程

大班孩子的自理能力和劳动能力明显提高；动作灵活，控制能力明显增强；情感的稳定性和有意性增长；抽象逻辑思维开始萌芽；合作意识进一步增强；规矩意识逐步形成。因此，对于大班的孩子来说，户外的游戏课程适宜偏向对幼儿创造力的培养。创造性操作是指幼儿在对自然材料的操作方式上，或者对自然材料的探究内容上，或者操作中的发现上，与周围的小朋友不同，在班级或本年级幼儿中与众不同，具有创新性。如在美食馆开展"小小美食家"评选活动，幼儿用环境中的自然材料拼摆制作美食。老师在规定的时间结束后，将全部作品进行统一展示，并且由每个幼儿向大家介绍创作灵感、创作过程、表达的涵义等。该创造性操作是儿童发散思维的凸显，传递着孩子们的智慧，同时进行了美术能力的培养。

三、幼儿园开展自然资源类游戏课程应遵循的原则

（一）安全性原则

自然资源类游戏课程包含了大自然和游戏的双重特点，也给安全性带来了诸多不确定因素，特别是对于好奇心强、活泼好动而又没有自我保护意识的儿

---

① 杨桂芬．幼儿户外自然材料操作行为研究［J］.四川师范大学专业学位硕士论文，2017.06.

童来说，很容易发生危险。因此在组织户外游戏时，老师要提前对活动地点进行考察，制订计划及应对各类突发事件的预案，确保万无一失。

（二）游戏性原则

心理学家艾莉森·高普尼克指出，学习的模式有两种：自己探索和掌握他人探索的成果。"以教为主"虽能让儿童掌握他人探索的成果，但剥夺了儿童探索的过程。因此，幼儿园阶段的课程要"以玩为主"，尊重孩子的自主性，推出符合班级儿童特点的户外自然实践活动，让孩子充分感受自然、热爱自然，在玩中实现自主学习，达到"润物细无声"的效果。

（三）合作性原则

开展优秀的户外自然实践活动不是幼儿园单方面的责任，而是幼儿园、家庭、社会和政府共同作用的结果。比如，家长与孩子一起参加户外活动，在大自然的游戏中扮演不同的角色，对于增强亲子关系，加深儿童对当地自然资源的了解均有帮助。同时，社会各界及政府需要重视自然资源的保护与合理开发，为儿童的户外活动提供安全、美丽且充满本土人文气息的自然场景，为儿童实现"玩中学"提供坚强保障。

（张晓庆）

幼儿园基于自然资源的探索活动的生成与开展

我园地处山区农村，我经常思考：什么样的教育才是山区的高质量教育？虽然各个园所的教育存在区别，但是，我们践行《指南》《纲要》的精神是一致的。我们在园领导的带领下，对我园的情况进行了认真、细致且全面的分析。虽然我们没有昂贵的玩具，但是大自然给予我们的或许更加宝贵。本着让幼儿健康成长的宗旨，我们创设适宜的环境，给予幼儿真正在自然中成长、在生活中体验、在游戏中收获的机会。

一、尊重幼儿想法，勇于创新活动形式

大自然的馈赠是最好的礼物，当我们回归到自然，教育也变得更为淳朴。幼儿园里的绿化在与孩子们产生互动之前，就是伫立在那里的风景。而当它们被孩子们看到，孩子们的好奇心会促使他们与自然产生深度互动，从而在自然环境中获得智慧的启迪、身心的愉悦。

那么，什么样的环境会更适合幼儿呢？虞永平教授在《学前课程与幸福童年》一书中指出，让幼儿园的环境真正活起来，让幼儿园真正成为花园和乐园，让孩子们获得更多的观察、发现和管理的机会。只要我们拥有热爱生命的眼光，只要我们关注自然教育的价值，只要我们真正懂得儿童的需要，就会为

幼儿创造一个充满生机的幼儿园环境。

这也为我们进一步指出了自然对于幼儿的重要性。花草树木点缀的幼儿园更能激发幼儿的兴趣，使得幼儿在对自然的探索中进一步丰富认知。春天的海棠绽放在幼儿园里，激发了孩子们对于美的欣赏和感知。孩子们围在一株花面前，闻着花香畅所欲言。伊伊说："这花真香啊!"轩轩发出疑问："这是什么花呢?"星宇激动地指着高处的花朵说："快看啊，有蜜蜂!"微风吹过，花瓣落下，孩子们激动地叫起来："哇! 太好看了!"他们开始捡拾掉落的花瓣……

看着孩子们捡拾花瓣的身影，我想为什么不趁此机会和孩子们来一场花瓣雨呢? 于是我和孩子们一起捡拾掉落的花瓣，在刘老师喊一、二、三的时候，我们一起跳起来将花瓣抛向天空，来一场人为的花瓣雨。一场花瓣雨过后，孩子们对海棠花的兴趣更浓了，于是我们和孩子们一起做干花、写生海棠树……生动的活动得到了孩子们的喜爱，他们全身心地投入活动中，对春天常见的花都有了更深入的了解。活动还得到了家长们的积极支持，家长们在班级微信群分享了孩子们找到的各种各样的花朵，进一步丰富了孩子们的认知。

这样一种追随孩子的活动，让我更加深刻地体会到要善于倾听孩子们的想法，和孩子们有高质量的互动，才能创新活动形式，让孩子们有深度的认知体验。

二、创造性提供条件，促进幼儿全面发展

孩子们的童年世界应该是五彩斑斓的，而这样的五彩斑斓源于他们与自然环境的深入互动。梳理好我园独特的优势后，我们便为孩子们的学习成长创造更为广阔的空间。我们开辟小菜园，在菜园里和孩子们一起耕种。亲近自然不仅给了孩子们发现美的眼睛，更给了孩子们晶莹剔透的心灵。

我们又进一步改善了园所环境，开拓了一片属于孩子们的小草坪。夏日里的昆虫成为孩子们孜孜不倦研究的对象。他们手持放大镜，穿梭在操场与草坪之间，寻找小蚂蚱、蟋蟀等昆虫。大班幼儿开始统计在幼儿园里能找到多少种小虫子，开始学着制作小虫子的标本，开始区别什么是害虫，什么是益虫……

为了让孩子们进一步感受丰收的喜悦，我们又在幼儿园里种下了石榴树和山楂树。当金秋来临，红彤彤的山楂和石榴缀满枝头，孩子们围在树下开启了一场又一场别开生面的采摘活动。没有什么比孩子们在真实的自然环境中成长更激动人心的了。孩子们用稚嫩的小手守护着他们自己收获的果实，体会着用辛勤劳动换来的幸福味道。

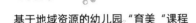

沙坑旁的小池塘里养了小鱼，种了莲花，成了孩子们夏日戏水写生的好去处。生活中不再常见的压水机成为孩子们夏日活动的快乐源泉。冬日来临，孩子们看到小鱼被冰冻在了水里，又展开了一场惊心动魄的"破冰救鱼"行动。

创造性地开辟环境，给幼儿的成长提供了万千可能。一棵开花的树、一种果实、一片绿地，都记录了孩子们之间的故事。每一处环境都等待着孩子们前来问候，每一株小花小草都记录着孩子们的欢声笑语，每一天的幼儿园生活都成为孩子们美好的惦念。

基于自然资源的探索活动没有刻意地去开展，却变得顺理成章。因为我们知道每一处自然环境都不是摆设，而是丰富孩子们认知的阶梯，孩子们的十万个为什么和孩子们的一百种语言见证了自然资源下探索活动的开启。因为有了真实丰富的自然环境，孩子们的好奇心会促使他们与之产生相应的互动。伴随着教师的智慧，一个个生动的探索活动反映了孩子们对生命的了解、对四季的感知、对自然的敬畏、对生活的珍惜……

三、深度践行《指南》精神，师幼共同成长

让孩子们成为环境的主人，不再是口号。他们尽情地探索大自然中的奥秘，享受着大自然的馈赠。当我们在生活中创造更具有探索性的自然环境时，相信孩子们也定如雨后破土的春笋般拔节成长。

在经历了一次又一次的四季轮回，在一次又一次的实践中，我们不仅欣喜于孩子们的成长，更欣慰于教师的变化。教师们变得更专业了，有着敏锐的目光，能积极地发现自然环境中的教育契机，站在儿童视角下开展的教育活动，让孩子们得到更真切的发展。在一次次的探索中，教师们能够观察孩子的行为、倾听孩子的声音，敏锐地捕捉到孩子们在探索活动中的兴趣，从而推动活动走向深入。孩子们探究的欲望在教师有效地推动和支持中愈发浓厚，俨然一副小小科学家的样子。他们宛如赤子，向着自然，在阳光雨露和泥土的滋养中成长得更加茁壮。

自然资源的有效利用，让我们看到师幼共同成长的美好愿景，我们也更愿意用山的厚重、水的灵动承载起孩子们幸福的金色童年！

（金远超）

带领幼儿进入美的世界
——充分利用乡土资源开展幼儿园美育活动

在幼儿园美育活动开展的过程中，乡土资源的合理利用可以充实活动内容，激发幼儿兴趣，提升美育效果，也能在幼儿熟悉的乡土资源环境中，带领

幼儿感受、进入美的世界，成为传统文化中"美"的传承者。生活即教育，对于农村幼儿园的幼儿而言，乡土资源是熟悉的材料，是成长的一部分，可以是生机勃勃的自然环境，可以是趣味十足的乡村生活，也可以是各种各样的器具物品，还有勤劳耕作的人文精神。充分利用幼儿熟悉的乡土资源进行幼儿园的美育活动，使美育活动有了更丰富的材料支撑，也有了更强大的传统文化的保障，还能获得家庭对美育活动的支持。依托乡土资源优化美育活动，以全面提高幼儿园的教育水平，促进幼儿认识美、感受美、欣赏美及创造美等各方面能力的提升，实现幼儿健康成长。

一、乡土资源在幼儿园美育活动中的优势

（一）展示美

美是无处不在的。乡土资源丰富多元，其中不乏有着美感的部分，这些资源融入幼儿园美育活动中，可以起到展示美的积极效果，从而使幼儿在常见的乡土资源中，学会欣赏美，提升审美情趣，形成对美的热爱与追求。《纲要》中指出，要引导幼儿"感受并喜爱环境、生活和艺术中的美"。乡土资源是具有鲜明地域特征的资源，也是色彩斑斓、形式多元的美之元素。通过乡土资源在幼儿园美术活动中的合理应用，将承载着"美"的内容融入幼儿园教育体系之中，实现幼儿成长环境的美化。

（二）传播美

将乡土资源中承载着美育功能的部分带到幼儿园，与幼儿园美育活动结合起来，赋予了乡土资源更丰富的价值，使乡土资源"活"起来、"动"起来，也能够实现美的传播，在孩子们幼小的心中播种下"美"的种子。无论是幼儿园的美术教育活动与文学艺术类的教育活动，还是幼儿的一日生活，抑或是幼儿热衷参与的游戏活动，都可以体现出乡土资源的特点，使美能够以不同的形式全面地融入幼儿的学习和生活中，将不同类型的美传播出去，营造美育的良好环境。

（三）传承美

培养积极的情感，形成高尚的行为，提升幼儿审美情趣，是幼儿园美育活动的目标和方向。充满温情的亲属及邻里关系，极具本土特色的各种物品，都蕴含着丰富的乡土文化，也是值得传承下去的。依托乡土资源进行美育活动，不仅使幼儿欣赏到农村能工巧匠们创作的各种物品，感叹于乡土生活中人民群众的智慧与文化，而且可以引导幼儿感受到家庭和睦、社会和谐的氛围。从物质及精神两个层面对农村幼儿进行美的教育，可以引导幼儿将美好的事物与创造精神传承下去，将积极正向的情感传递下去，实现乡土文化的代代传承，永不枯竭。因此，在幼儿园美育活动中融入乡土资源，也能起到传承美与文化的理想效果。

（四）创造美

在幼儿园美育活动中融入乡土资源，也能引导幼儿实现创造美的能力提升。新时期，鼓励创造和创新，是人才培养的方向，而充分调动幼儿的想象力和创造力，使幼儿成为美的创造者，恰恰也是幼儿园美育的重要目标。在乡土资源中，有不少资源原本就是劳动人民智慧的结晶，是美的代表。通过观察和学习，幼儿可以理解劳动者的智慧，激发起创造美的积极性。在乡土资源中，也不乏可以引导幼儿去创造美的丰富材料。教师将生活中常见的乡土资源带到幼儿园课堂上，鼓励幼儿去想象、创造。将生活中随处可见的乡土资源创造成为融入幼儿思考的各种作品，赋予乡土资源新的生命，使幼儿在创造美的过程中获得快乐和成长。

二、依托乡土资源开展幼儿园美育活动的路径

教育源自生活，高于生活。依托乡土资源进行幼儿园美育教育，不仅要有乡土资源的收集整理，而且要在环境创设、游戏活动、生活实践、家园共育等各个方面，充分发挥出乡土资源的美育价值，提升美育成效，促进幼儿全面健康成长。

（一）环境创设体现乡土特色，实现美的熏陶

《纲要》中明确指出：环境是重要的教育资源，应通过环境的创设和利用，有效地促进幼儿发展。在幼儿园大环境及教室小环境的布置上，加入乡土材料、融入乡土环境、展示乡土特色，能够消除幼儿对幼儿园及班级环境的陌生感，使幼儿在熟悉亲切的环境中，形成对美的正确认识。通过环境创设，营造生活化的幼儿成长环境，实现对幼儿的艺术熏陶，从而提升幼儿审美素养，促进美育目标的达成。

用代表着本土地域文化的材料来装饰幼儿园的墙面、道路等，使幼儿从入园开始就能够在各个角落里体会到充满乡土气息的文化氛围。在操场上，利用极具乡土特色的材料来设计体育运动器材，使幼儿在参与体育活动的同时，体验到乡村体育文化，感受到乡土材料的利用与创造之美。在环境的整体设计及规划上，体现出与乡土资源的结合，以符合幼儿身心特点的趣味十足的装饰，使幼儿园呈现出美的艺术环境和氛围，亦能够展示出乡土文化的特色，为美育活动的开展营造良好环境。

在班级中，教师与幼儿一起用乡土材料创设班级环境，将乡土资源融入班级中。班级里设置"自然角"，将家乡的植物带到小小的自然角中，让幼儿观察植物的生长过程，培养幼儿探索的兴趣，实现幼儿对自然美的感知与把握。将家庭种植的蔬菜瓜果带到幼儿园，完成富有美感的手工作品，用来装饰班级环境。幼儿亲自参与制作，体验乡土材料在手中变化的过程，获得美的艺术熏

陶，产生对美的向往与热爱，形成对美好生活的探寻与追求。

无论是幼儿园整体环境的布置还是班级环境的创设，都可以利用乡土材料增添乡土气息。鼓励幼儿与教师一起参与到环境创设之中。通过环境的美化，幼儿体验到乡土资源的妙用，同时激发对美好环境的向往。

（二）丰富活动增添乡土气息，获得美的体验

美术、音乐、体育、语言、游戏等各个领域的活动，都可以利用乡土资源来开展，引导幼儿感受美、体验美、创造美。

例如，美术活动"吹泡泡"，选择麦秆作为吹泡泡的工具。在吹泡泡的游戏中，引导幼儿将吹出的五彩泡泡"留"在画纸上，形成一幅幅有趣的图画。将本地民间流传的有教育意义的儿歌带到幼儿园中，教师与幼儿一起唱儿歌，不仅使幼儿感受到韵律之美，而且将一代代传承的乡土音乐文化传播开来。将民间流传的神话故事，绘声绘色地讲给幼儿听，并鼓励幼儿通过表演的方式来展示传统的文化故事。在语言类、表演类的活动中，幼儿也能体会到故事传递出的积极情感，从而获得美的感受，成为乡土文化的传承者。在各种区角活动中，给予幼儿独立自主的空间，将乡村生活的点滴以"表演"的方式呈现出来，引导幼儿在游戏中做到互相尊重，将代代传承的乡土文明延续下去，从而实现美育的目标。在春节庆祝活动中，将展示传统乡村文化的舞龙舞狮融入幼儿园活动中，引导幼儿用自己的方式描述、表现舞龙舞狮的活动。比如画一幅龙或是狮子的图画，制作一个狮子的头饰，戴上头饰与小朋友们一起表演舞龙舞狮。充满趣味的游戏活动，不仅让幼儿感受到传统民俗文化的博大精深，还能带领幼儿感受到春节的欢快气氛，更能引导幼儿体验传统手工制作的精细与传神。

幼儿天性是喜爱游戏的。幼儿园美育活动通过游戏的方式来开展，能够极大地提高幼儿参与活动的兴趣，从而起到理想的教育效果。在幼儿园组织的各种活动中，充分地利用乡土资源，使幼儿能够在接触乡土资源的过程中获得美的体验，感受传统文化的力量。

（三）观察自然感受乡村生活，形成美的追求

教师带领幼儿去观察、体验自然，在充满乡土特色的自然环境中，感受与天地同在的豁达，体会自然万物的勃勃生机，从而形成对"生命美""自然美"的认知，亦能够培养幼儿爱护环境的意识。欣赏日出日落，感受阳光带来的生机活力；走进树林小溪，观察植物、动物，了解动植物带来的独特美感；在田间小路行走，感受幽静自如的氛围。自然界中有着丰富的色彩，有着不同的材料，有着各种形态与声响，对于好奇心强的幼儿而言，这些都是有极大吸引力的。因此教师带领幼儿去体验、观察自然之美，能够激发幼儿热爱自然的情感。

教师带领幼儿走进农村生活，与农村中的人接触，感受劳动之美，帮助幼

儿形成爱惜粮食、热爱劳动的优秀品质，达到美育的理想效果。乡村生活中的每一帧画面都能带给幼儿熟悉且充满美的体验，也能够激发幼儿对家乡的热爱与自豪感。深入乡村生活，传承乡土风情与精神，感受家乡人民勇于奋斗的精神，从而激发起幼儿奋发向上的积极性，形成对美德的推崇与传承。美育与德育密不可分，在乡村生活中，培养幼儿热爱祖国、热爱家乡的积极情感，也有利于德育目标的实现。乡土资源为幼儿提供了极富感染力和吸引力的教育载体，依托这些资源进行美育与德育，能够培养幼儿的审美能力，形成对美的正确认识，感受美好的事物、人物与生活，培养积极向上的精神风貌。

（四）家园共育促进教育延伸，实现美的成长

通过乡土资源进行美育活动，幼儿园与家庭的配合至关重要。农村地区的家庭有着淳朴的生活模式，有着亲近和睦的邻里关系，也有着沉淀积累的优秀文化，这些也可以融入家庭教育中，成为幼儿美育活动的一部分。

通过开展"我的家""我的邻居们"主题活动，引导幼儿分享家庭生活的趣味点滴，聊一聊与邻居们和睦相处的故事。农村生活中亲戚往来频繁，在表演活动中，模仿亲戚串门走访的情景，或是表演邻里相处的模式等，使幼儿的社交能力得以提升，也能引导幼儿理解"和谐"的含义，形成对他人的尊重，提高幼儿的道德水平，这也是美育的集中体现。

教师鼓励家长与幼儿一起寻找并欣赏乡土资源中富有浓郁艺术美感的工具与工艺品，培养幼儿的审美情趣，使幼儿在乡土资源中感知美。农村中不乏能工巧匠，一代代的农村人，将常见的事物制作成独具美感的工具及工艺品。教师鼓励幼儿在家庭中寻找"美"的物品，如奶奶剪的窗花、爷爷制作的木工作品、爸爸小时候玩的手工玩具，或是家庭中一代代传承下来的工艺品，使美育活动实现从幼儿园到家庭的延伸。家庭成员与幼儿一起参与到寻找美、创造美的过程中，能够培养幼儿对家乡的热爱、对家庭成员的尊重，实现家庭关系的和睦，更能实现良好的家庭美育效果，促进幼儿全面成长。

（刘歌）

由小菜园引发的自然生活课程

陶行知先生曾经说过：生活即教育，全部的课程包括全部的生活。一切课程都是生活，一切生活都是课程。《纲要》指出，重视生活对幼儿教育的重要意义，强调幼儿园应为幼儿提供健康、丰富的生活和活动环境，充分满足他们多方面的发展需要，使他们在快乐的童年生活中获得有益于身心发展的经验。因此，随时关注幼儿的生活，到幼儿的生活中寻找教育内容，才是最有价值的课程。我园的小菜园，就是教师为幼儿提供的生活化的环境。幼儿在那里亲近

自然，获得有益于身心发展的经验。那么，小菜园中的自然生活课程是怎样的呢？

一、从幼儿的需要出发，发现小菜园中的自然生活课程

幼儿园课程要追随幼儿的生活和经验，凡是幼儿需要的、感兴趣的，尤其是在其生活、学习过程中产生和发现，又是他们急于想知道或解决的问题，都应及时纳入课程活动中来。这样，幼儿才能真正获得发展。

秋天到了，小菜园里面的农作物开始成熟了，这吸引了小朋友们的注意力。每到户外活动时间，小朋友们都喜欢到小菜园里去玩儿。当有的小朋友问"老师，这是什么？那是什么？"时，老师会带着小朋友一起认一认小菜园里的农作物，并组织"制作标签"的教育活动。当小朋友们把标签挂在植物上后，他们会时不时对其他班的小朋友说："这是我做的标签，这个植物叫玉米。"

秋意渐浓，许多花儿都落了，唯独小菜园里边那一簇簇粉色的秋菊竞相开放，不时引来蜜蜂的光临。孩子们喜欢闻菊花的香味，请老师给他们拍和菊花的合影。于是，我们的摄影比赛和菊花写生活动开始了。

冬天到了，小菜园里的白菜也成熟了。小朋友说："我家的大白菜都收了，幼儿园的白菜也该收了。"于是，我们就开展了收白菜、储存大白菜及大白菜写生等一系列活动。

二、提供多种支持，让幼儿感受美、表现美、创造美

《指南》提出，每个幼儿心里都有一颗美的种子，在大自然和社会文化生活中激发幼儿对美的感受和体验，丰富其想象力和创造力，引导幼儿学会用心去感受和发现美，用自己的方式去表现和创造美。

（一）利用图片、视频，让幼儿感受美

在"插花"活动中，我在让幼儿欣赏插花的课件后，问："你们看到这些插花有什么感觉？"子豪说："它们太好看了。"梓萱说："我好喜欢它们。"林逸说："我都想流眼泪了，它们太美丽了。"孩子们在插花时，能够大胆地表现自己的想法。

在装饰花瓶的活动中，为了让幼儿感受到艺术创作的美，我先后开展了线描画、橡皮泥、水粉等欣赏活动。通过大量的欣赏活动，幼儿敢于表达自己对美的感受。比如幼儿会说："我喜欢这件作品的颜色，我觉得粉色和蓝色搭配在一起很好看。"

（二）根据幼儿的需要，在材料上给予支持，让幼儿表现美、创造美

如在"制作花朵"活动中，我为幼儿提供了大量的不同种类的材料。做花茎的材料有一次性筷子、毛根、吸管、树枝、从花店要来的玫瑰花花茎。做花

朵的材料有皱纹纸、彩纸、卫生纸、橡皮泥和水果网套。有了丰富的材料支持，幼儿在活动中敢于表现和创造。

(三) 通过直接感知操作，表现美、创造美

《指南》中指出，幼儿的学习以直接经验为基础。创设丰富的教育环境，合理安排一日生活，最大限度地支持和满足幼儿通过直接感知、实际操作和亲身体验获取经验的需要。

在小菜园的写生活动中，我利用看一看、摸一摸、闻一闻、比一比、描一描、玩一玩、说一说等方法让幼儿充分地去感知、表现、创作。孩子们用的材料各不相同，有的用水粉，有的用水彩，全方位展现了农作物的美。

三、从小菜园引发的自然生活课程中感受美，再用课程经验来服务生活

《指南》指出，展示幼儿的作品，鼓励幼儿用自己的作品或艺术品布置环境。这充分说明，幼儿自己创作的作品或艺术品，要用于生活、服务于生活才有价值。比如将幼儿晒好的干花装饰到暖气管子上，光秃秃的暖气管子立刻繁花似锦，美丽极了（图3-120）。将幼儿制作的插花放到餐桌上，孩子们在进餐时看到美丽的插花会心情愉悦。

图3-120

四、从小菜园引发的自然生活课程让孩子拥有自信

《指南》在社会领域中提出，让幼儿具有自尊、自信、自主的表现。对幼儿好的行为表现，多给予具体有针对性的肯定和表扬，让他对自己的优点和长处有所认识，并感到满足和自豪。在从小菜园引发的自然生活课程中，我运用了降低难度、直接感知、鼓励表扬的方法，使幼儿拥有自信。

记得我刚接中二班的时候，有一个叫子涵的小朋友。老师一让她去画画，她就大哭不止。经过老师再三询问，她总是说："我不会画。"在开展小菜园的"亲近自然"生活活动时，我请子涵用手摸一摸葫芦，把花生放到纸上，用笔描它的轮廓，并引导她从哪儿开始画。奇迹出现了，她愿意拿起笔来画葫芦和花生了。我见她肯画画了，就高兴地对她说："你真棒！能画出这么多花生了。"我把她的作品展示到了墙上。她特别开心，拉着小朋友就说："这是我画的。"经过一段时间后，她不但愿意画画了，还愿意介绍自己的作品了。

五、从小菜园引发的自然生活课程激发幼儿的自主性

自主性是幼儿成长发展的重要标志，也是新世纪人才必备的重要个性品质。《纲要》指出，提供自由活动的机会，支持幼儿自由选择、计划活动，鼓励他们通过多方面的努力解决问题，不轻易放弃克服困难的尝试。也就是说，教师在培养幼儿自主性的时候，一定要引导幼儿尝试主动解决问题。在小菜园的"亲近自然"课程中，幼儿就有许多可以尝试自主解决问题的机会。

当萱萱看到暖气管子上晒好的干花后，围着干花看了好半天对我说："老师，这里花的种类太少了。"我说："是呀！咱们小菜园里就这么一种菊花。如果想花的种类多一点儿，怎么办呀？"萱萱毫不犹豫地说："做点花吧！"我听后眼睛一亮，欣喜地说："好哇！但是，咱们用什么来做呀？怎么做呀？"萱萱说："我妈妈教过我用橡皮泥做玫瑰花。"我高兴地说："那你能不能教教其他小朋友做玫瑰花呀？"萱萱高兴地答应了。她从美工区找来了橡皮泥，但是找不到做花茎的材料。我说："你可以到别的区去看一看、转一转。"萱萱从"串儿吧"找来了几根筷子做花茎。材料找齐后，她就开始教其他小朋友做玫瑰花。小朋友们看到萱萱来当小老师，兴趣更浓了，有几个在其他区玩的小朋友也赶来向萱萱学习做玫瑰花。区域活动后的谈话环节中，我把萱萱做的玫瑰花展示给小朋友们看，并请萱萱分享制作玫瑰花的方法。她介绍完后，小朋友们都主动地为她鼓掌。第二天，萱萱又出现在美工区里，依然担任小老师的角色。

大自然是一部真实丰富的百科全书，蕴藏着巨大的教育财富。自然界的生活是直观的、具体的、现实的、丰富的。幼儿可以在大自然的生活课程中获得新的经验，得到真的发展。小菜园是大自然中的一角，自然能引发"亲近自然"的生活课程。孩子们在课程中不断地探索和成长。

（张林林）

农作物在幼儿园课程建设中的应用

农作物是生活中常见的自然资源，应用到幼儿园课程建设中，可以发挥出积极的作用，充实幼儿教育内容，拓宽幼儿视野，推动幼儿与大自然的互动，助力幼儿实现各方面能力的提升。探究农作物在幼儿园课程建设中的作用及课程实施路径，可以最大限度地发挥出农作物的优势，提升幼儿园课程建设的整体水平。

一、农作物在幼儿园课程建设中的应用价值

在幼儿园课程建设中，各类农作物的合理应用与巧妙融入，契合自然教育与生活教育的理念，有利于引导幼儿认识自然，体会自然的无限美好与独特魅力，拓宽幼儿视野，提高幼儿热爱自然、探究自然的主动性。农作物种植活动的开展，可以引导幼儿参与劳动实践，观察植物生长，探究植物科学奥秘，有利于丰富幼儿的知识储备，培养幼儿珍惜粮食、热爱劳动的优秀品质。将农作物资源融入艺术活动中，可以激发幼儿的创意思维，丰富美工创作材料，提高幼儿的动手操作能力。

二、农作物在幼儿园课程建设中的应用

（一）初识农作物——探究农作物的奥秘

小麦、水稻、大豆、玉米、山药豆等农作物，是人们生活中常见的自然材料，也是食物的来源。将农作物融入幼儿园课程体系之中，首先要带领幼儿一起了解农作物的知识，探究农作物的奥秘，以帮助幼儿形成对农作物的基本认识，激发幼儿对农作物的兴趣。教师通过图片展示各种各样的农作物，帮助幼儿了解不同农作物的外形特征、生长过程及主要用途。引导幼儿走进农田实地观察玉米、小麦、大豆等常见的农作物，了解农作物的特点及不同农作物的差异。通过画一画的方式描绘出农作物的外形，把握农作物的特征。在认识农作物时，教师适时提出问题，"农作物从哪里来？""农作物有哪些用途？"以播放视频的形式帮助幼儿了解农作物的生长过程及不同用途。

（二）种植农作物——体验农作物的生长

在幼儿园种植园地进行一系列的农作物种植活动，从播种、间苗、拔草、浇水、除虫到收获，引导幼儿身体力行地参与劳动实践，体验种植的乐趣。在此过程中，幼儿可以更直观全面地了解农作物的生长方式，感受一粒种子从发芽到长大的奇妙过程。

如在种植园开辟的"果品种植区"，幼儿与教师一起种下山药豆。山药豆

成熟时掉落在地上，小朋友们一起去捡拾。在捡拾的过程中，比一比大小，看一看山药豆的形状颜色，通过小组比赛的形式比一比谁捡到的山药豆更多。在收割豌豆的活动中，教师带领幼儿一起制订"收豌豆"计划，明确分工，做好收割前的准备工作。收豌豆时，幼儿忙着摘豌豆，从豆荚中取出豌豆，用小推车运输豌豆，一环扣一环，井井有条，形成了热闹非凡的劳动场景。玉米成熟了，教师带领幼儿一起去掰玉米。在掰玉米的活动中，教师可以给小朋友们讲一讲"黑熊掰玉米"的故事，增添劳动的乐趣，也能通过故事启迪幼儿思考。

（三）品尝农作物——体会农作物的美好

农作物是我们食物的主要来源。在幼儿园种植农作物，幼儿可以体验种植的乐趣；在收获的季节，幼儿可以体会收获的快乐；用收获的果实来制作各种美食，则能让幼儿体会到农作物带给人们的美好。

如教师带领小朋友们一起用山药豆制作"糖霜山药豆"。先将山药豆清洗干净，再用蒸锅把山药豆蒸熟。幼儿用小牙签将山药豆串起来，放入老师事先准备好的糖霜中，给山药豆穿上"衣裳"，"糖霜山药豆"就制作完成了。

又如，幼儿园的玉米大丰收了，老师与幼儿一起用玉米制作各种美味的食物，摆出一桌"玉米宴"，邀请家长们来品尝。煮玉米、炒玉米、玉米饼、玉米甜点、玉米茶……玉米以不同的形态成为美味的食物，凝结着劳动者的汗水，也满足了我们的营养需求。在动手制作美食的过程中，幼儿体会到了劳动的乐趣，了解了农作物"变成"食物的过程，体会到了农作物与饮食之间的关系，也能够养成节约粮食的好习惯。

（四）应用农作物——拓展农作物的价值

小小农作物在幼儿园课程中有着大作用。在幼儿园课程体系中，拓展农作物的应用方式，深挖农作物的应用价值，在多元课程中赋予农作物更多的呈现方式。

如在学习了农作物的知识后，幼儿可以自主阅读与农作物有关的绘本。在阅读中积累关于农作物的知识。以农作物为原型，组织"讲故事"比赛，锻炼幼儿的语言表达能力。种植园里的农作物丰收后，教师可以引导幼儿分享种植与收获农作物的感受及体验。通过对收获的农作物进行分类与计数，可以培养幼儿的数学思维。以农作物为原材料制作"服装"，把农作物"穿"在身上，举行一场时装表演秀，可以提高幼儿的动手操作能力及表演水平，也能够传递环保理念。农作物在幼儿园课程建设中的巧妙融入与科学应用，增添了课程的趣味性，带给幼儿更多的欢乐，传递出积极向上的情感。

教师和家长可以带领幼儿走进自然，认识更多的农作物，在自然中拓展认知，寻找创作灵感。观察农作物时，教师可以给幼儿讲解农作物的知识，介绍农作物的特点，以引导幼儿利用农作物进行艺术创作，设计制作出更贴近自然

的作品。

陈鹤琴提到，大自然是我们最好的教师，大自然充满了活教材，大自然是我们的教科书。《纲要》明确指出，幼儿园要"充分利用自然环境和社区的教育资源，扩展幼儿生活和学习的空间"。农作物在幼儿园课程建设中有着显著的应用价值，可以充实教育资源，丰富活动材料，有利于拓展幼儿思维，锻炼幼儿能力。因此，可以将农作物作为幼儿园课程建设的"主角"，打造特色课程，循序渐进地带领幼儿认识农作物、种植农作物、品尝农作物、应用农作物，促进幼儿健康全面成长。

（周梦希）

图书在版编目（CIP）数据

基于地域资源的幼儿园"育美"课程 / 郝继红主编.
北京：农村读物出版社，2024.12. -- ISBN 978-7
-5048-5865-8

Ⅰ. G612

中国国家版本馆 CIP 数据核字第 2024N0E816 号

基于地域资源的幼儿园"育美"课程
JIYU DIYU ZIYUAN DE YOUERYUAN "YUMEI" KECHENG

中国农业出版社出版

地址：北京市朝阳区麦子店街 18 号楼
邮编：100125
责任编辑：马英连
版式设计：杨　婧　责任校对：吴丽婷
印刷：北京中兴印刷有限公司
版次：2024 年 12 月第 1 版
印次：2024 年 12 月北京第 1 次印刷
发行：新华书店北京发行所
开本：700mm×1000mm　1/16
印张：13.5
字数：270 千字
定价：68.00 元